Deep Innovation

'진정한 혁신'의 동반자

_____ 님께

_____ 드림

진정한 혁신

진정한 혁신

초판 1쇄 발행_ 2017년 9월 15일
초판 4쇄 발행_ 2020년 2월 15일

지은이_ 김찬배
펴낸이_ 이성수
주간_ 김미성
편집_ 황영선, 이경은, 이홍우, 이효주
마케팅_ 김현관
디자인_ 고희민

펴낸곳_ 올림
주소_ 03186 서울시 종로구 새문안로 92 광화문오피시아 1810호
등록_ 2000년 3월 30일 제300-2000-192호(구:제20-183호)
전화_ 02-720-3131
팩스_ 02-6499-0898
이메일_ pom4u@naver.com
홈페이지_ http://cafe.naver.com/ollimbooks

값_ 15,000원
ISBN 978-89-93027-96-9 03320

이 도서의 국립중앙도서관 출판예정도서목록(CIP)은 서지정보유통지원시스템 홈페이지
(http://seoji.nl.go.kr)와 국가자료공동목록시스템(http://www.nl.go.kr/kolisnet)에서 이
용하실 수 있습니다.(CIP제어번호 : CIP2017022854)

진정한 혁신

───── 4차 산업혁명시대 혁신의 원칙과 디테일 ─────

혁신의 적은 무엇인가
어떻게 타파할 것인가

누구나 혁신을 이야기하지만
누구도 제대로 변화하지 못하는
까닭은 무엇인가

| 김찬배 |

DEEP
INNOVATION

올림

구조대는 오지 않는다!

"한국에는 큰 성공을 거둔 대기업들이 있다. 하지만 내 눈에는 차세대 기업이 보이지 않는다."

비벡 와드와 미국 카네기멜런대 교수는 2017년 7월 국내 경제주간지 〈이코노미스트〉와의 인터뷰에서 이렇게 지적했다.

우리나라 기업들에 대한 이런 전망은 새로운 것은 아니다. 잘못된 전망이기를 바라지만, 저명한 미래학자이자 첨단 기술의 대가로 평가받는 인물의 경고이기에 예사롭게 들리지 않는다.

2016년 겨울, 국민들은 초유의 대통령 탄핵 사태를 맞아 "이게 나라냐?"며 분노했다. 눈을 돌려보면 "이게 회사냐?", "이게 리더냐?" "이게 직장인이냐?"라는 질문도 가능하지 않을까?

20여 년간 500여 개 기업과 공공기관 등에 출강하고 많은 사람들을 만나면서 이들 조직의 내부를 들여다볼 기회가 있었다. 겉으로는 매우 혁신적인 기업처럼 보이지만 정작 속내를 들여다보면 '이게 그 회사 맞나?' 할 정도로 점진적으로 죽어가고 있는 기업들이 의외로 적지 않다는 사실에 놀랄 때가 많았다. 와드와 교수의 경고가 맞을 수도 있다는 불안이 엄습하는 까닭이다.

4차 산업혁명의 파고가 산업 간의 경계를 허물고 있는 이 긴박한 순간, 생존의 키(key)는 무엇일까? 우리는 인공지능(AI)과 사물인터넷(IoT), 빅데이터 등에 대해 이야기만 하고 있을 것이 아니라 그것을 만들고 활용할 인재와 조직의 혁신을 강구해야 한다.

혁신에는 3가지 수준이 있다. 겉모습만 변화하는 표면적 수준(surface level)의 혁신, 기술과 업무 프로세스 개선에 머무는 기본적 수준(basic level)의 혁신, 조직문화와 가치관의 근본적인 변화를 통해 전혀 새로운 차원의 가치를 창출해낼 수 있는 높은 수준(deep level)의 진정한 혁신이다.

우리가 추구하는 혁신은 당연히 가장 높은 수준의 진정한 혁신이어야 한다. 그렇다면 그 출발점은 무엇일까? 상상력과 실행력이다. 구성원들이 마음껏 상상력을 발휘하고 실패에 대한 두려움 없이 과감하게 실행할 수 있는 환경을 만드는 것이 무엇보다 중요하다.

그렇다면 우리의 현주소는 어떠한가? 첨단 제품을 지향하면서도 일하는 방식과 소통하는 방식은 여전히 20세기에 머물러 있다. 단군 이래 가장 유능하다는 젊은 직원들은 조직 내에서 입을 다물고 시키는 일만 하기 일쑤다. 우리의 경쟁 상대인 세계적 기업들과는 달리 우리는 세계 최고의 인재들을 뽑아 놓고도 잠재력을 활용하지 못하는 아이러니가 계속되고 있는 것이다.

4차 산업혁명의 주인공이 되기 위해서는 이를 뒷받침해야 할 조직 문화와 리더십, 기업가정신, 소통 방식, 그리고 구성원들의 의식에서 근본적인 변화, 즉 '진정한 혁신'이 일어나야 한다.

혁신은 자동차의 엔진과 같다. 수명을 다한 엔진은 교체하고 고급 연료와 윤활유를 공급해주어야 한다. 인사이트(insight) 중심의 과거 엔진은 외부 지식을 적극 받아들여 빠르게 실행하는 '아웃사이트 (outsight)'로 전환해야 한다. 또한 이 혁신 엔진이 제대로 작동하려면 어떤 위기도 이겨내겠다는 열정과 기존의 판을 뒤엎는 담대한 도전을 멈추지 않는 '진정한 열심'이라는 연료를 계속 공급해주어야 한다. 혁신을 완성하는 마지막 요소는 '창조적 소통'이라는 윤활유다.

엔진, 연료, 윤활유 가운데 어느 하나라도 불량이면 자동차가 움직일 수 없듯이 아웃사이트, 진정한 열심, 창조적 소통 중에서 하나라도 충족되지 못하면 혁신은 앞으로 나아가지 못한다. '진정한 혁신'은 이들 세 요소가 정상적이고 유기적으로 작용할 수 있을 때만 가능하다.

이 책을 쓰면서 떠오른 영화가 있다. 프랭크 마셜 감독의 〈얼라이브(Alive)〉라는 영화다. 럭비 선수들을 태우고 가던 비행기가 안데스산맥에 추락하여 승객 45명 중 29명이 실종 또는 사망하고 16명이 72일 만에 극적으로 생환한 실화를 바탕으로 한 영화다. 주인공 난도는 구조대가 수색을 포기했다는 뉴스를 듣고, 이것은 오히려 우리 스스로의 힘으로 탈출하라는 희소식이라며 절망에 빠진 친구들에게 희망을 불어넣고, 죽은 사람의 시신을 식량 삼아 버틸 수 있게 하고, 직접 안데스산맥을 넘어 동료들을 구하는 데 성공한다.

지금 대한민국호는 어떤가? 럭비 선수들을 태운 채 조난당한 비행기와 비슷하지 않은가? 대내외적으로 앞이 잘 보이지 않지만 우리를 구해줄 구조대도, 마땅한 탈출구도 눈에 띄지 않는다. 우리에게는 이러한 현실을 원망하거나 한탄만 하고 있을 겨를이 없다. 지금 우리에게 필요한 것은 희망을 안고 새로운 기회를 찾아 떠날 수 있는 난도의 용기와 지혜다. 난도가 보여준 것처럼 현재의 상황을 반전시킬 수 있는 리더십, 규제와 장벽을 뛰어넘는 창조와 혁신으로 위기를 타개해나가야 한다.

〈얼라이브〉에서 구조대가 수색을 포기한 절박한 상황이 오히려 조난 지역을 벗어날 수 있게 하는 동력으로 작용했던 것처럼, 각종 모순과 부조리가 폭발하고 마땅히 기댈 곳도 없는 지금이야말로 변화하고 혁신하기에 절호의 기회일 수 있다. 지금은 모든 것을 초월하여 구성원들 모두가 한마음으로 협력하고 구태의연한 관행과 의식, 조직문화를 일신하여 위기 돌파의 주인공으로 나서야 할 때다.

2001년 《변화와 혁신의 원칙》이라는 책을 출간한 후로 '변화와 혁신'은 내게 운명과도 같은 주제가 되었다. 많은 분들이 예상을 뛰어넘는 뜨거운 반응을 보여주었기 때문이다. 온갖 장벽에 가로막혀 절망하고 분노했던 그들의 혁신에 대한 열망이 나로 하여금 강의와 집필을 계속할 수 있게 해주었다. 그들이 전해준 생생하고 풍부한 사례와 의견들은 이 책의 소중한 원료가 되었다. 그들에게 감사드린다. 책에 등장하는 기업과 인물은 대부분 익명으로 처리했으며, 직원들이 이구동성으로 추천하거나 10년 이상 지속적으로 우수한 성과를 낸 경우에 한해 실명을 밝히기도 했다. 이분들께도 감사드린다. 성품

개발이 진정한 혁신의 소중한 기초가 됨을 일깨워준 IBLP Korea와 P&C긍정변화컨설팅의 강성룡 대표에게도 감사드린다. 또한 전작인 《요청의 힘》에 이어 이번에도 선뜻 출간을 허락해주신 올림의 이성수 대표와 정성을 다해 책을 만들어준 편집팀에게도 감사드린다.

4차 산업혁명 이야기가 나오면 앞으로 기회가 줄어들거나 사라질 것이라며 걱정하는 사람이 많다. 하지만 기회는 사라지거나 줄어드는 것이 아니라 옮겨가고 있을 뿐이다.

부디 이 책에서 제시한 '아웃사이트'와 '진정한 열심', '창조적 소통'이 진정한 혁신의 힘으로 작동하여 우리 기업과 대한민국이 4차 산업혁명의 거대한 흐름을 주도하는 주체로 거듭나는 데 일조할 수 있기를 바란다.

김찬배

목차

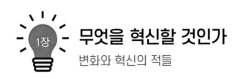

무엇을 혁신할 것인가
변화와 혁신의 적들

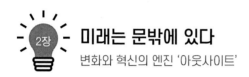

미래는 문밖에 있다

변화와 혁신의 엔진 '아웃사이트'

혁신의 힘은 어디에서 오는가

변화와 혁신의 에너지 '진정한 열심'

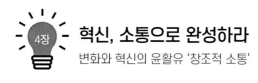

혁신, 소통으로 완성하라
변화와 혁신의 윤활유 '창조적 소통'

1

무엇을 혁신할 것인가

변화와 혁신의 적들

브레이크에서 발을 떼지 않으면 아무리 액셀러레이터를 밟아도 자동차는 앞으로 나가지 못한다. 변화와 혁신도 마찬가지다. 앞을 가로막는 장애물을 그대로 두고 있으면 제아무리 많은 돈을 들여 최첨단 시스템과 제도를 도입한다 해도 결코 성공할 수 없다. 이러한 장애물은 금방 고치기 어려운 만성적 질환과 같아서 특단의 노력과 의지로 해결해나가지 않으면 안 된다. 변화와 혁신의 적들인 7가지 증후군을 소개한다.

우리 회사는 절대 안 망한다?

위기 불감 증후군

위기 불감 증후군(Hubris Syndrome)이란 위기가 닥쳐오고 있는데도 이를 인식하지 못하고 우리 회사는 아무 일 없을 거라며 자만하는 현상을 일컫는다.

망하는 회사에는 망하는 이유가 있다

P씨는 전에 다니던 회사의 동료에게서 송년회에 참석하라는 연락을 받았다. 몇 년 전 회사가 망하는 바람에 경험도 없이 자영업에 뛰어들어 근근히 살아가느라 사람을 만날 기회도 별로 없었는데, 오랜만에 옛 동료들을 만나 그간 살아온 이야기며 회사 다닐 때의 추억등을 나눌 생각을 하니 가슴이 설렜다. 그런데 한 번 다녀오고 나서다시는 그 모임에 참석하지 않겠다고 결심하게 되었다. 그날 모임에

서 만난 선배들의 이야기를 듣고 실망을 넘어 분노를 느꼈던 것이다.

처음에는 오래간만에 반가운 사람들을 만나 지난 이야기를 나누며 즐거운 시간을 보냈다. 그런데 대화가 무르익을 무렵 전직 간부한 사람이 지방에서 지역본부장으로 일하던 시절의 이야기를 털어놓았다. 출장을 다녀온다며 근무시간에 외출하여 바람을 피우던 일이며, 서울 본사에 간다는 핑계로 출근하지 않고 쉬었던 일 등을 자랑스럽게 떠벌리며 그때가 직장생활의 황금기였다고 말하는 것이 아닌가. 다른 사람들도 별반 다를 것이 없었다. 재밌어 죽겠다는 듯 맞장구를 치고 시시덕거리며 흥겨운 모습이었다.

'우리 회사가 망한 이유가 여기에 있었구나' 하는 생각에 P씨는 실망감을 넘어 배신감마저 들었다.

망한 기업들은 어느 날 갑자기 망한 것이 아니라 점진적으로 죽어갔던 것이다. 점진적 죽음(slow death)의 증상들을 방치한 결과로 확실한 죽음(certain death)을 맞이한 것이다. 그런데 점진적 죽음의 늪에 빠진 기업들은 정작 자신들이 죽어가고 있다는 사실을 모른다. 위기 불감증이다. 그러다가 죽음에 임박해서야 실감한다. 폐암에 걸린 사람이 통증을 느끼기 시작할 때는 이미 늦은 경우가 많은 것처럼, 기업 또한 죽음을 직감했을 때는 더 이상 손을 쓸 수 없는 상태일 가능성이 높다.

기업들의 신년사를 보면 불확실성, 위기, 혁신 같은 단어들이 단골로 등장한다. 어디 신년사뿐인가. 임원회의, 팀장회의, 직원회의 등에서도 같은 말들이 쏟아져나온다. 하지만 그뿐이다. 말의 성찬 속에서 진정한 위기의식은 찾아보기 어렵다. 위기 불감증이 만연한 까닭이다. 도대체 이유가 뭘까?

위기 불감증의 근본 원인

위기 불감증을 부르는 가장 대표적인 원인은 자만심이다. 자만심은 대부분 잘나갈 때 생기기 쉽다. 과거에 큰 인기를 끌었던 〈성공시대〉라는 TV프로그램에 출연했던 기업가들 중에도 얼마 안 가 망한 경우가 꽤 많았다. 천재적 재능으로 탁월한 경기력을 선보이던 운동선수들 중에서도 연습을 게을리하거나, 오만한 언행으로 팀워크를 깨거나, 감독과 갈등을 겪다가 재능을 꽃피우지 못하고 사라진 이들이 적지 않다. 자신은 무슨 일을 하든 반드시 성공한다는 착각과 자만에 빠진 결과다. 일시적 성공이나 타고난 재능이 오히려 독이 된 것이다. 기업도 마찬가지다. 과거의 성공 방식만 고수하다가 몰락의 길을 걷게 된 경우가 많다. '우리 회사는 절대로 망하지 않는다'고 믿는 것이다.

그런데 개인이나 기업이나 자만심을 버리기란 좀처럼 쉽지 않은 모양이다. 부도난 기업을 회생시키는 업무를 주로 해온 분을 만난 적이 있다. 그분의 경험에 의하면, 망한 회사들의 특징 중 하나는 마지막까지도 변화하려 하지 않는다는 것이다. 회사가 쓰러졌는데도 절대 망하지 않을 것이라 자만한다는 것이다. 가수 조영남의 '겸손은 힘들어'라는 노래가 괜히 나온 게 아닌가 보다.

철없는 직장인들

오래전 보았던 드라마에서 아버지가 사업에 망하는 바람에 남의 집에 세 들어 살게 되었는데도 자녀들은 화려했던 과거를 잊지 못하고 집이 이게 뭐냐고 투덜대고 용돈을 더 달라며 징징대는 장면을 본 적이 있다. 그런데 이런 일들이 기업에서도 심심찮게 일어난다.

지방에 강의하러 갔다가 회사가 수조 원의 적자를 내고 있는데도 불구하고 임금 인상을 요구하며 파업하겠다는 직원들을 만난 적이 있다. 지금 회사가 몹시 어려운데 직원들이 너무하는 것 아니냐고 물었더니, "걱정 없어요. 회사가 하는 말은 모두 엄살이에요. 우리 회사 돈 많습니다. 이번 기회에 직원들 자르려고 고의적으로 적자를 내서 술수를 부리는 겁니다"라고 응수했다. 외부 전문가들은 현재 상태를 그대로 두면 회사가 공중분해될지도 모른다고 하는데, 정작 직원들은 그 심각성을 전혀 인식하지 못하고 있었다. 노조는 임금 인상뿐 아니라 노조 임원들의 해외연수까지 요구했다. 참 철없는 직원들도 다 있다는 생각이 들었다.

회사의 위기를 아랑곳하지 않는 직원들의 행동은 어디서 비롯된 것일까? 우리 회사는 절대 망하지 않을 것이라는 그릇된 확신 또는 회사는 망할 때 망하더라도 내 몫만큼은 확실하게 챙기겠다는 이기심 때문일 것이다. 어쩌면 그런 직원들에게 가장 좋은 처방은 회사가 망하도록 내버려두는 것일지 모른다. 망하는 그 순간까지도 절대 망하지 않는다는 망상에 빠져 있을 테니 말이다.

잘나가는 기업은 잘나갈 때 신발 끈을 조인다

위기 상황에 빠진 후에 발휘되는 위기의식은 이미 늦은 것일 수 있다. 여전히 타성과 자만심에 젖어 있거나 수동적인 자세에서 벗어나지 못할 가능성이 크기 때문이다. 위기의식이 빛을 발하려면 잘나갈 때 발휘되어야 한다.

영국의 명문 축구팀 맨체스터 유나이티드에서 27년간 감독으로 있으면서 38개의 우승컵을 들어 올린 전설적인 명장 알렉스 퍼거슨 감독은 우승 축하 파티 다음 날부터 바로 경기 준비를 시작했다고 한다. 또한 아무리 유명한 선수라고 해도 나태한 행동을 보이면 가차 없이 질책하고 심지어 방출까지 서슴지 않았다고 한다. 우승팀의 선수들이 가질 수 있는 자만심을 경계하는 조치였다.

그런데 신기한 것은 지금 당장 혁신하지 않으면 망할 것 같은 기업들에서 천하태평인 경우가 많다는 사실이다.

토요타자동차에 없는 3가지

2010년 미국에서 토요타자동차가 1,000만 대 리콜 사태에 직면한 이후 3년 만에 세계 1위 자리를 되찾았을 즈음, 조선일보 기자가 토요타를 방문하여 취재한 적이 있다. 3년 만에 1위 자리를 회복했으니 이것저것 자랑할 것이 많았을 텐데, 일선 실무진부터 최고경영자에 이르기까지 어느 누구도 '1등', '부활', '자신감'이라는 단어를 입에 올리지 않았다고 한다. 이유는 하나였다. '자만은 죽음을 부른다.' 리콜 사태를 통해 토요타는 1등, 부활, 자신감이라는 말에도 자만심이 배어들 수 있다는 사실을 깨달았던 것이다. 그들은 토요타가 어떻게 위기를 극복했고, 어떻게 다시 1등이 될 수 있었는지에 대해서는 한마디도 하지 않았다. 대신 위기를 통해 토요타가 무엇을 배웠고, 또 배운 것을 어떻게 적용하고 발전시킬 것인가에 초점을 맞추고 있다고 말했다. 기자가 지켜본 토요타의 모습은 챔피언이 아니라 철저한 도전자였다.

현대중공업이 경영 위기를 돌파하기 위해 분사를 결정하면서 사내 소식지에 올린 반성문이 세간의 화제가 된 적이 있는데, 그중 기억에 남는 말이 있다.

"남들이 혁신을 외치고 스마트 공장을 추구할 때 '세계 1등'이란 구호만 외치고 있었다."

아시아 최고 부자가 가장 경계한 것

미국 경제 전문지 〈포브스〉가 아시아 최고의 부자로 인정한 리카싱 청쿵그룹 회장은 중국 광둥성의 산터우대학 졸업식 축사에서 "탁월성과 교만(또는 오만) 사이에서 균형을 찾으려는 마음 자세를 수치화한 '자부지수(自負指數)'가 나의 성공 비결"이라며 "항상 교만해지지 않도록 수치화해서 스스로에게 묻고 대답했다"고 말했다. 그가 말한 자부지수는 4가지 질문으로 구성되어 있다.

내가 지나치게 교만한 것은 아닌가?

내가 바른말을 받아들이지 않고 거부하고 있는 것은 아닌가?

내 언행이 가져올 결과에 책임지길 원하지 않는 것은 아닌가?

나에게 어떤 문제와 그 결과, 해결책을 보는 통찰력이 부족한 것은 아닌가?

작은 성공에 취해 거만하게 행동하는 사람이 얼마나 많은가. 세계 54개국에서 500여 개 기업을 운영하고, 직원 22만여 명, 홍콩 전체 주식의 26%를 차지하고 있는 리카싱 정도라면 조금 거만해도 누가 뭐라 하겠는가. 그런 그가 자만심에 빠져드는 것을 가장 경계했다는 사실은 우리에게 시사하는 바가 크다.

꿋꿋하게 버티자

좀비워커 증후군

좀비워커(Zombie Worker)는 되살아난 시체를 의미하는 좀비
(Zombie)와 근로자를 의미하는 워커(Worker)의 합성어로, 좀비워커
증후군(Zombie Worker Syndrome)이란 몸값을 하지 못하면서도
전혀 양심의 가책을 느끼지 못하는 태도나 행태가 전염되어 조직 전
체의 분위기를 해치고 성과를 저해하는 현상을 일컫는다.

정 과장이 넘쳐난다

'지점마다 버티고 있는 '鄭 과장'… 은행들 골머리'

한 신문에 실린 기사의 헤드라인이다. 기사에서 '정 과장'은 한 예
능 프로그램에서 먹을 것만 밝히면서 하는 일 없이 월급만 축내는
고참 직원을 빗대어 묘사한 것이다. 은행에는 '행원의 꽃'이라는 지점

장 승진을 포기하고 차장 혹은 부지점장으로 만족한 채 정년만 기다리면서 고액 연봉과 각종 복지 혜택을 누리는 정 과장들이 넘쳐난다는 내용이었다. 한 은행은 이런 현상을 해소하고자 명예퇴직 제도를 도입했으나 수천억을 쓰고도 근본적인 문제는 해결되지 않았다고 한다. 이런 일이 비단 은행만의 문제일까? 한 통신회사는 80개월치 기본급을 제시하며 희망퇴직을 유도했지만 역시 별다른 효과가 없었다고 한다.

이처럼 회사마다 밥값을 하지 못하면서도 당당하게 버티고 앉아 있는 직원들이 많아 골치라는 말을 종종 듣는다. 한 회사의 인사 담당 직원에 의하면, 과거에는 이런 직원들을 권고사직시키거나 대기 발령 혹은 전근 등의 시그널을 보내면 창피한 생각에 그만두기도 했는데, 요즘은 이런 직원들이 세력을 형성하여 저녁마다 술잔을 기울이며 절대로 나가지 말자고 결의를 다지곤 한다고 한다.

회사를 부업(?)으로 다니는 사람들

실적이 부진한 영업사원들을 대상으로 강의한 적이 있다. 교육생의 3분의 1이 교재를 가지고 있지 않았다. 어찌 된 영문인지 알아보니 교재를 받자마자 쓰레기통에 버린 것이었다. 이 교육을 무려 7분기 연속으로 받고 있는 직원도 있었다. 이미 직장인이기를 포기한 사람들이었다.

한 회사의 관리자 후보 교육 때도 비슷한 일이 있었다. 맨 앞자리에 앉아 있는 한 직원이 강의시간에 좀처럼 집중을 하지 않았다.

8시간 교육 중 시종일관 스마트폰을 들여다보고 있었다. 한 시간은 아예 강의실에 들어오지 않았다. 휴식시간에 스마트폰으로 뭘 그렇게 열심히 보느냐고 물었더니 주식 시세를 보는 것이라고 당당하게 대답했다. 다른 교육생이 "저 친구에게 회사는 부업이에요"라고 귀띔해주었다.

경쟁력을 깎아먹는 스몸비워커(smombie worker)들

스몸비는 스마트폰과 좀비의 합성어로, 스몸비워커(smombie worker)는 근무시간 중에도 스마트폰을 몸에서 떼지 못하는 직장인들을 가리킨다.

독일의 한 완성차업체 경영진이 한국의 부품업체를 방문하여 공장을 둘러보다 근로자들이 작업 중에 스마트폰을 아무런 제재 없이 사용하는 모습을 보고 경악했다. 그들은 이런 환경에서 어떻게 좋은 제품을 생산할 수 있겠느냐며 실망감을 드러냈다고 한다. 이후 회사에서는 스마트폰을 사용하지 못하도록 조치했다고 한다. 독일에서는 공장에서 스마트폰 사용을 절대 허용하지 않는다.

토요타자동차에서는 작업시간 중에 잡담을 하거나 스마트폰을 사용하지 않고 근무에 집중한다고 한다. 그런데 한국을 대표하는 모 기업에서는 노조의 요구로 공장에 와이파이를 설치해주기까지 했다. 근무시간 중에 영화를 보는 직원이 발각되어 이를 금지하는 조치를 내렸는데, 노조는 이를 현장 탄압이라며 반발했다. 이 회사의 미국 공장에서는 스마트폰을 사용하다 적발되면 퇴사시킨다고 하는데,

한국에서는 탄압이라고 반발한다. 상황이 이러니 기업들이 공장을 해외로 이전하는 것을 무조건 비판할 수 있을까? 당신이 경영자라면 해외로 공장을 옮기고 싶지 않을까?

한 회사에서 3개월 수습기간 중 과도한 스마트폰 사용으로 수차례 지적을 받다가 근로계약을 해지당한 근로자가 소송을 제기했다. 그는 부당해고라고 주장했지만 재판부는 근무시간 중 잦은 스마트폰 사용은 업무 집중을 방해한다고 보는 것이 타당하며 회사가 근무태도와 자질에서 낮은 평가를 받은 직원과의 근로계약을 해지한 데는 객관적이고 합리적인 이유가 존재한다며 해고가 정당하다고 판결했다. 소송을 제기한 직원이 참 뻔뻔하다는 생각이 든다.

성장하지 않아도 버틸 수 있다?

KDI한국개발연구원이 발행한 《한국인의 역량》(2015)에 따르면, 우리나라 중고등학생의 학업성취도는 세계 최고 수준인데, 성인이 된 후에는 계속 하락하는 것으로 나타났다. 특히 35세에는 평균 이하로 내려가고 45세부터는 급격히 떨어져 55세에는 21개국 중 20위로 전락했다.

독서량은 어떨까? 성인 독서율이 65.3%로 3명 중 1명은 1년간 단한 권도 읽지 않는다. 실제로 강의 현장에서 물어보면 10%를 넘기는 기업을 찾아보기 힘들다. 모 대기업 계열사에서는 책 읽는 사람을 한 사람도 찾아볼 수 없어 충격을 받은 적도 있다. 심지어 노사협상과정에서 승진거부권을 요구하는 경우도 있다고 한다. 승진이란 자기계발을 위한 주요 동기부여 수단인데, 승진하지 않겠다는 것은 굳이 성장하지 않아도 문제가 없다고 생각하기 때문일 것이다.

어떻게 이해해야 할까? 승진해봐야 책임만 많아질 뿐 승진하지 않아도 별다른 불이익이 없다고 생각하기 때문이 아닐까? 입사 이후로는 성장을 멈추고 조직이 주는 안정감을 즐기며 서서히 죽어가는 직장인이 많다. 조직의 발전을 가로막는 이와 같은 성장 거부 증후군을 치료하기 위해서는 핵심 역량을 지속적으로 업데이트하거나, 책임을 맡은 사람들이 훨씬 더 많은 보상을 받을 수 있는 환경을 만들어주거나, 냉정하게 구조조정을 해서라도 조직이 무기력해지지 않도록 해야 할 것이다.

진짜 공부는 지금부터

현재 초등학교에 입학하는 어린이의 65%는 현재 존재하지 않는 새로운 직업에 종사하게 된다고 한다. 직장인들 가운데 상당수 역시 5년, 10년 후에는 전혀 경험해보지 않은 새로운 일들을 하게 될 것이다. 바꾸어 말하면, 지금 우리가 가지고 있는 지식들이 대부분 쓸모없어지게 된다는 이야기다. 현실이 이러함에도 불구하고 우리 사회는 학습과는 거리가 먼 퇴행적 모습을 보이고 있다.

빌 게이츠와 스티브 잡스를 비롯해서 큰 성취를 이룬 사람들은 한결같이 독서야말로 성공 습관의 핵심이라고 말한다. "나를 키운 것은 동네 도서관"이라고 말한 빌 게이츠는 딸에게 평일 45분, 주말 1시간만 컴퓨터를 쓸 수 있도록 허용했으며, 전 세계인을 스마트폰

중독자로 만든 스티브 잡스는 정작 자신은 자녀들과 거실에 책을 쌓아놓고 읽으며 토론하기를 즐겼다고 한다.

어제 배운 지식이 오늘 무용지물이 되는 시대에 졸업장이 무슨 의미가 있겠는가. 중요한 것은 졸업장이나 자격증이 아니고 지금 내가 무엇을 읽고 있고 무엇을 경험하고 있는가이다. 그것이 진짜 공부다.

미래를 준비하는 가장 확실한 대안

학습이란 기본적으로 개인의 영역이지만 기업도 학습하는 조직 분위기를 만들어야 한다. 그런데 저성장 기조가 지속되고 경기 전망도 부정적이어서 그런지 획일적으로 인재육성 예산을 줄이는 기업들이 많아졌다. 현실적으로 이해할 수 있는 측면이 있지만, 장기적인 관점에서 보면 불경기를 헤쳐나갈 인재들이 회사를 떠나게 하고 미래의 기회를 놓칠 가능성이 높아진다는 점에서 안타까운 일이 아닐 수 없다.

기업은 1년을 버티기 위해 존재하는 것이 아니다. CEO의 재임기간만 채우면 되는 조직도 아니다. 세계적인 인사관리(HR) 컨설팅회사인 헤이그룹(Hay Group)의 메리 폰테인 R&D센터 소장은 메릴린치증권의 예를 들면서 불경기에 교육비를 줄이는 기업들이 더 쇠퇴하게 된다고 지적한다. 인재양성을 기치로 메릴린치대학을 설립했다가 위기가 닥치자 대학을 폐교하고 모든 교육 프로그램을 중단했는데, 교육을 받지 않은 직원들이 위험한 거래를 하고도 상사에게 보고하지 않는 등 기강과 리더십이 흔들리는 모습이 나타났다는 것이다. 급여나 복지를 줄일지언정 인재육성을 위한 투자는 줄이지 않는 장기적인 관점의 경영이 필요하다.

몸값 하지 못할 때가 떠나야 할 때

$$C < P < V$$

한국의 피터 드러커로 불리는 윤석철 한양대 석좌교수가 주장하는 기업의 생존 부등식이다. 제품의 원가(Cost)보다 가격(Price)이 커야 하고, 가격보다는 가치(Value)가 커야 기업이 지속적으로 성장하고 생존할 수 있다는 것이다. 간결하면서도 명확하게 경영의 핵심을 찌르는 공식이다. 이를 개인에게 적용하면 급여와 복지 등 조직으로부터 받는 것보다 훨씬 더 큰 가치를 창출해야만 조직이 지속적으로 성장할 수 있다는 뜻이다.

2016년 6월 세상을 떠난 김형태 목사는 정년이 70세인데도 불구하고 자진해서 10년 앞당겨 60세에 은퇴한 것으로 유명하다. 그는 스스로 물러나야 할 때를 알고 계신 분이었다. 그는 조기 은퇴 이유를 이렇게 설명했다.

"설교 중에 힘이 빠지고 설교에 나 자신이 감동이 없는데 교인들에게 감동을 줄 수 없었다."

이 말은 목회자뿐 아니라 모든 직장인과 경영자에게 해당하는 말이다. 몸값을 하지 못한다고 생각할 때 그때가 바로 떠나야 할 때다.

적어도 조직을 떠나는 날까지 평생토록 성장을 멈추지 않도록 노력하는 것이 진정한 프로의 자세일 것이다.

첨단 장비와 돼지머리

비합리 추구 증후군

비합리 추구 증후군(Pursuit of Irrationality Syndrome)이란 합리성을 추구한다고 하면서 실제 경영에서는 비합리적 관행들이 합리적인 것들보다 더 중요하게 여겨지는 현상을 말한다. 20세기 경영 증후군이라고도 한다.

제품과 구호는 21세기, 경영 방식은 20세기

한국을 방문한 호주 사람이 "6·25 때 호주가 참전하여 한국을 도왔는데, 호주가 만드는 제품 중에는 세계 1등 제품을 찾기 힘든 상황에서 전 세계 어느 공항을 가나 세계 1등을 하는 한국 제품들의 광고판을 보게 되니 정말 한국이 존경스럽다"고 했다. 우리가 반도체나 스마트폰을 비롯해 여러 분야에서 세계 1등의 첨단 제품을 만들고 있다는 사실은 자부심을 갖게 하기에 충분하다. 하지만 신흥국들의 추격과 산업 패러다임의 변화로 언제까지 현재의 지위를 누릴 수 있을지 염려된다는 목소리가 높아지고 있다. 해외의 글로벌 기업들은 우주로, 심해로 무모해 보일 정도의 담대한 도전에 나서고 있다. 일하는 방식에서도 창조적 역량을 극대화하기 위해 과거와 완전히 다른 시도를 하고 있는데, 우리는 20세기의 경영 관행들을 그대로 답습하면서 미스매치(mismatch)가 발생하고 있기 때문이다. 홈페이지에서는 21세기 경영 환경을 반영한 멋진 경영 이념과 인재상을 제시하고 있지만, 실제 현장에서는 창의성을 말살하는 비합리적 행태가 넘쳐나는 현실을 보면 이러한 염려가 기우가 아닐 수도 있겠다는 생각을 갖기에 충분하다.

실력보다 연줄

새롭게 부임한 CEO가 중요한 역할을 수행할 직원을 발탁하기 위해 인사팀에 지시하여 직원들의 신상명세서를 가져오도록 했다. 그중에서 CEO의 눈에 띄는 직원이 한 명 있었다. 자신의 고등학교 후배였다. 그는 차장의 위치에 있었던 그를 자신이 부임한 그해에 부장으로 특진시켰다. 직원들은 의아해했다. 무능력할 뿐 아니라 무책임하다는 평가를 받는 인물이었기 때문이다. CEO의 학교 후배라는 이유만으로 특진을 했으니 기가 막힐 일이었다. 이때부터 CEO를 향한 충성 경쟁이 이어졌다. 결국 이 CEO가 경영하는 동안 회사는 소리도 없이 사라지고 말았다.

일보다 눈치 보기

청와대 홍보수석이 KBS의 세월호 보도에 개입한 것 아니냐는 논란이 벌어진 적이 있었다. KBS 보도국장과 통화한 내용이 공개되면서다. 그때 방송에 보도된 홍보수석의 말이다.

"그래. 한 번만 도와줘. 진짜 요거, 하필이면, 또 세상에 (대통령님이) KBS를 오늘 봤네. 아이고, 한 번만 도와주시오. 자, 국장님, 나 한 번만 도와줘. 진짜로."

사건의 본질보다는 높은 분의 눈치를 살피는 일이 무엇보다 중요하다는 인식을 단적으로 보여주는 사례다. 우리 사회가 경제적으로는 큰 성장을 이루었지만, 소통이라는 측면에서는 아직도 고질적인 수직 문화에서 한 발자국도 나아가지 못하고 있다는 사실이 드러난 것이다.

그런데 이런 일이 비단 청와대에서만 벌어지겠는가? 기업에서도 마찬가지다. 최고경영자는 물론이고 직속 팀장이 잘못된 결정을 해도 입을 다물고 있거나, 불필요한 의전에 신경 쓰느라 고급 인력이 낭비되기 일쑤다. 업무는 잘해도 윗사람 모시는 일을 잘하지 못하면 눈치 없고 무능한 사람이라 여기는 후진적 관행이 여전히 계속되고 있다. 본질적인 것보다 상사나 VIP의 눈치를 잘 살필 줄 알아야 유능한 사람으로 인정받는 풍토를 그대로 두고 세계적인 기업들과의 경쟁에서 과연 이길 수 있을까?

인상으로 직원을 평가하는 경영자

한 IT회사에서 있었던 일이다. 이 회사의 일 중에는 새롭게 등장하는 IT 관련 기술을 다른 회사의 직원들과 일반인들을 대상으로 교육하는 사업이 있었다. 한동안 사업이 잘되어 CEO의 칭찬을 받았는데, 불경기와 함께 교육 참여자가 줄기 시작했다. 담당 임원은 강사들에게 문제가 있는 것이 분명하다며 강사가 강의하는 모습을 직접 보고 누가 적합한지를 판단하겠다고 선언했다. 긴장한 강사들은 최선을 다해 준비했다. 그 임원이 탈락 강사를 정했는데, 그중에 지금까지 최고의 평가를 받은 강사가 포함되었다. 이유를 알고 보니, 강의는 잘하는데 인상이 나쁘다는 것이었다. 직원들은 그 강사가 뛰어난 인기 강사라고 설명했지만, 임원은 자신의 판단이 틀린 적이 없다면서 고집을 부렸다. 결국 그날의 시범 강의는 인상 콘테스트로 끝나고 말았고, 가장 유능한 강사는 어이없이 탈락의 수모를 당해야 했다. 물론 그 강사는 다른 곳으로 옮겨 승승장구하고 있다. 반대로 이 회사는 여전히 부진의 늪에 빠져 있다.

사람의 인상은 매우 중요한 요소임에 분명하다. 하지만 사람을 제대로 평가하려면 인상 못지않게 고려해야 할 요소들이 많다. 콘텐츠와 표현력, 태도와 소통 능력 같은 요소들을 객관적으로 평가할 수 있어야 한다. 인상은 중요하나 전부가 아니다.

음주 관리 수준에 머물러 있는 관리 역량

한 회사에 3년간 출강한 적이 있다. 그런데 이 회사의 교육에는 반드시 치러야 하는 의식과 같은 프로그램이 있었다. 2박 3일 교육 중 둘째 날에 임원 한 분이 오셔서 '직원들과의 대화'라는 프로그램을 진행하는데, 문제는 임원이었다. 그가 왔다 간 다음 날 아침이면 교육장에서 술 냄새가 진동했다. 상당수의 교육생들이 지각하거나 오후가 되어서야 교육장에 나타났다.

직원교육에서 임원이 해야 할 일은 무엇일까? 비전을 제시하고, 직원들이 비전에 동참할 수 있도록 동기부여하지는 못할 망정 교육을 망치는 주범이 임원이라니…. 이런 일이 교육장에서만 벌어질까? 많이 개선되었다고는 하나 아직도 술자리를 통해서 직원을 관리할 수 있다고 믿는 리더들을 많이 보게 된다.

삼성을 비롯한 일부 기업들에서 119운동(회식은 1차만, 1가지 술로, 9시까지)이나 112운동(회식은 1차만, 1가지 술로, 2시간 이내) 등을 통해 음주문화를 개선하려는 움직임을 보이고 있는데, 고무적인 일이다. 이제 리더들은 비합리적인 습성을 탈피하여 음주 관리를 뛰어넘는 생산적인 조직 관리 방법을 개발하고 차원 높은 전략적 사고와 비전으로 직원들을 감동시킬 수 있어야 한다.

첨단 장비 앞에서 고사 지내는 아이러니

한 유능한 직원이 회사를 옮겼다. 첨단 시대에 회사가 미신적 관행을 강요하는 것을 견디기 어려워서였다. 이 회사는 대형 컴퓨터를 도입하면서 돼지머리를 놓고 고사를 지낸 적이 있었다. 본사 대강당에서 회사 발전을 위한 고사를 지낸 적도 있었다. 회사에 안 좋은 일들이 많으니 고사라도 지내야겠다는 CEO의 뜻에 따른 조치였다고 한다. 본사뿐 아니라 전국의 지사들도 동시다발적으로 고사를 지내라는 지침이 하달되었다. 사직한 직원은 총무 담당이어서 지침이 내려오면 어쩔 수 없이 돼지머리를 사서 고사상을 차리고 절을 하곤 했는데, 그럴 때마다 이게 뭐하는 짓인가 하며 한탄하다가 결국 퇴사를 결심하게 되었다.

경영 환경의 불확실성이 높아지면서 경영자들은 물론 정·재계 인사들까지 점을 보러 오는 경우가 많아 점집이 호황이란다. 한번은 점집에 가서 자기 회사 사장의 사주를 보았는데, 잘될 거라는 괘가 나와 사장에게 전해주었더니 사장이 만족해하면서 얼마 안 가 승진을 시켜주더라는 이야기를 해당 직원으로부터 직접 들은 적도 있다. 그것도 소기업이 아니라 대기업에서 말이다. 21세기에 이 무슨 희한한 일인지 모르겠다.

합리적 경영을 위한 결단

잘나가는 한 회사의 사장에게서 들은 말이다. 그 회사에는 사장의 친인척이나 지인이라는 이유로 인사나 거래를 청탁하는 일이 없다고 한다. 어떻게 그럴 수 있느냐고 물으니, 청탁을 들어주면 직원들이 부당하다고 여겨 불만을 갖게 되고, 거래 관계에서도 비리가 발생할 수 있기 때문이라고 답했다. 그는 창업 초기부터 아는 사람들이 찾아와 취직을 부탁하거나 거래를 요구하면 돈을 주어 돌려보낼지언정 청탁은 들어주지 않는 것을 원칙으로 삼았다고 한다. 그러다 보니 불필요한 갈등이나 불합리한 행태가 발생하지 않게 되었다.

합리적 경영을 위해서는 중간관리자들도 방법을 바꾸어야 한다. 공부하지 않으면 미래를 담보할 수 없는 시대이므로 직원들에게 자기계발의 기회와 환경을 제공해야 한다. 어느 기업에서 강의하면서 존경하는 상사나 선배에 관한 이야기를 공유하는 시간을 가진 적이 있는데, 한 대리가 "우리 팀장님은 술을 사주시지 않습니다. 팀장님은 업무에 실패하는 것은 용서할 수 있지만, 자기계발에 실패하는 것은 용서하지 않는다고 하시며 자기계발의 모범을 보여주십니다"라며 자랑했다. 나는 해당 팀장에게 이메일을 보내 대리의 말을 인용하며 좋은 팀장의 모델을 알게 되어 반갑고 감사하다는 인사를 전했다. 그런 리더가 더 많이 나오기를 기대한다.

검토만 하다가 날 샌다

과잉 관리 증후군

과잉 관리 증후군(Over Management Syndrome)이란 지나친 관리로 불필요한 일들이 많아져 속도 경영에 실패하는 현상을 일컫는 말이다.

절차는 많은데 실속은 없어

한 기업에서 프로젝트 평가 전문위원으로 활동한 적이 있다. 해당 프로젝트의 최종 결과물에 대해 전문가로서 평가해주는 것이 나의 임무였다. 그런데 담당자가 나를 평가위원으로 위촉하면서 한다는 말이 "특별한 것은 없고, 절차상 필요한 것이니 너무 심각하게 생각하지 않아도 됩니다"라는 것이었다. 평가서 작성을 요청할 때마다 찬성 의견을 표시해주기만 하면 된다는 말이었다. 전문가 의견을 듣고

자 하는 것이 아니라 절차상 요건을 충족시키기 위한 요식행위에 지나지 않았다.

한 기업에서 강의 의뢰가 왔다. 교육 전에 미팅을 하자고 해서 갔더니 전국 사업장의 교육 담당자들이 모여 있었다. 그들로부터 교육에서 다루어주었으면 하는 내용들을 듣고 강의에 반영하기 위한 자리였다. 10여 명의 교육 담당자들이 개별적으로 의견을 이야기했다. 들어보니 난감했다. 3시간의 교육으로 그 모든 내용을 다루는 것은 불가능했다. 한참 동안 회의를 한 후 강의 내용에 대한 조율을 마치고 준비에 만전을 기했다. 그런데 약속한 날에 교육장에 도착해보니 교재는 인쇄되어 있지 않았고, 교육생들은 필기구나 메모지 한 장 없이 달랑 스마트폰만 들고 있었다. 교재 원고를 보내주었는데 어찌 된 일이냐고 담당자에게 물어보니 교재를 교육장에 버리고 가는 교육생이 많아 비용도 줄일 겸 만들지 않았다는 것이다. 사전에 그토록 깐깐하게 미팅을 하고 점검했던 이유는 도대체 무엇이었을까? 모르긴 몰라도 사전 미팅 또한 이 회사에서는 절차상 거쳐야 하는 과정에 불과했을 것이다.

신한은행의 생산성이 높은 이유

지난 20여 년 동안 수많은 기업에서 강의를 해왔다. 그 가운데 기업문화가 특별하다고 여겨지는 회사가 있다. 바로 신한은행이다. 신한은행은 조흥은행과의 성공적인 M&A로 하버드대 MBA의 사례 연구 대상이 되기도 했으며, 다른 은행들에 비해 1인당 생산성이 높은 기업으로도 유명하다. 비결이 무엇일까? 신한은행에서 오랫동안 교육을 하면서 관찰한 결과는 다음과 같다.

첫째, 신한은행 직원들은 참 열심히 학습한다. 연수원에 들어온 교육생들에게 과제를 줄 경우 대충 하는 법이 없다. 자신의 명예를 걸고 밤을 새워서라도 과제를 수행한다.

둘째, 회사에 대한 자부심이 강하다. 혹자는 신한은행의 근무 강도가 세다고 하는데, 신기하게도 회사를 욕하거나 부정적으로 묘사하는 직원들을 본 적이 없다. 조직에 대한 자부심과 근면성의 선순환을 확인시켜주는 기업이다.

셋째, 직원에 대한 존중이다. 교육생들이 밤늦게까지 열심히 학습하는 만큼 식사와 간식 등 후생복지 면에서 아낌없이 지원한다. 교육생들의 수고에 대해 최대한 보상하려는 것이다. 직원들은 그런 회사의 배려에 존중받는다는 생각을 갖는다.

넷째, 담당자들의 자기 결정권이 크다. 다른 기업들에서는 담당자가 먼저 연락하여 가일정(假日程)을 잡아도 결재 과정에서 일정이 바뀌고 강사도 수시로 바뀐다. 하지만 신한은행에서는 교육 담당자가 기획하면 특별한 일이 없는 한 그대로 존중하여 시행하도록 한다. 자연 담당자는 책임감을 가지고 강사 발굴 등 모든 준비에 최선을 다한다. 업무의 주인이 되어 일한다. 그만큼 업무 속도가 빠르고 효율적이다.

한 중견기업에서 매우 유능하다고 평가받는 직원의 기획서가 이전만 못한 일이 자꾸 생겼다. 어떻게 된 일인지 알아보니 결재 과정에서 기획서에 대한 칼질이 심해져 아이디어가 개악되고 있었다. 이를 알게 된 CEO는 문서를 고치는 사람은 반드시 수정 사유를 적도록 했다. 그 결과, 팀장들은 더욱 책임 있게 결재했고, CEO는 어디에서 아이디어 병목 현상이 나타나는지 알 수 있게 되었다.

결재 행위는 최초 기안자의 아이디어에 부가가치를 더하는 행위여야 한다. 상사나 선배가 당연히 행사하는 특권이 아니라 최초 기안자에게 배움의 기회를 제공하고 경험을 통해 축적한 노하우와 지식을 전수해주는 과정이어야 한다. 그만큼 결재권자는 책임감을 갖고 임해야 한다. 냉정하게 자신을 돌아보아 내가 기안을 고침으로써 부가가치가 창출되지 못한다면 아무것도 하지 않는 것이 차라리 낫다는 생각을 가져야 한다.

과잉 관리 증후군을 막으려면

요즘 대학원에 진학하는 학생들 가운데는 학업에 뜻이 있는 것이 아니라 취업이 어렵다 보니 남들에게 공부하는 모습을 보이고 자신의 입장을 합리화하려는 경우가 적지 않다고 한다. 마찬가지로 회사에서는 회의를 위한 회의, 보고를 위한 보고를 하는 것을 일 잘하는 것으로 합리화하거나 착각하는 경우를 어렵지 않게 찾아볼 수 있다. 바로 과잉 관리 증후군에 빠진 것이다. 어떻게 하면 이를 치료할 수 있을까?

리더가 모든 것에 간여해야 한다는 생각을 버리고 권한을 위임하여 직원들에게 주인의식을 심어주고 의사결정의 속도를 높여야 한다. 또한 필요 이상으로 처리 절차가 복잡하거나 시간이 오래 걸리는 업무들은 과감히 개선해야 한다. 자세히 살펴보면 그냥 결단하기만 해도 당장 없애거나 줄일 수 있는 업무가 의외로 많다. 일상적으로 이루어지는 일들에 대해 '이것을 하지 않으면 무슨 문제가 있지?'라고 자문해보라.

혁신적인 마인드로 경영계에 신선한 충격을 주고 있는 정태영 현대카드 부회장은 단순화(simplification)를 기치로 내걸었다. 단순화를 통해 불필요한 일을 줄이고 중요한 일에 집중하려는 것이다. 그는 직원들과의 간담회에서 "'보고서가 필요하니 부탁합니다'라는 소리보다 '이런 보고서는 이제 중요하지 않으니 그만 만들어주세요'라는 소리를 듣고 싶다", "습관적으로 받아볼 뿐인 몇 장의 보고서를 위해 이틀을 꼬박 일하는 직원이 있다면 곤란하다"고 말하기도 했다. 실제로 현대카드는 그의 리더십 덕분에 상당히 많은 일을 줄였다고 한다.

불필요한 문서를 줄이거나 회의를 없애는 등 업무의 단순화를 위해 노력하는 리더들에게는 공통적인 특징이 있다. 자신감과 실력이다. 문서나 회의에 의존하지 않아도 문제를 파악하고 해결하는 능력을 갖추고 있다. 혹시 나는 그런 능력이 없기 때문에 각종 문서나 회의에 매달리고 있는 것은 아닌지 돌아보아야 한다.

10억이면 감옥도 갈 수 있다?

부패 불감 증후군

부패 불감 증후군(Corruption Syndrome)이란 직무나 직위를 이용하여 사적 이익을 추구함으로써 조직에 해를 끼치거나 그러한 행동이 비윤리적이라고 인식하지 못하는 현상을 일컫는다.

구호는 Back to the Basic, 현장은 Back to the Bottom

중견 건설회사에 출강한 적이 있다. 이 회사의 CEO는 건설업계의 위기를 극복하기 위해서는 모든 직원이 기본으로 돌아가야 한다며 전 직원을 대상으로 교육을 실시하라는 지시를 내렸다. 사전 미팅을 갖자는 연락이 있어 담당자를 만났다. 그는 CEO가 '기본으로 돌아가는 것(Back to the Basic)'을 강조하여 특별히 실시하는 교육이니 준비에 만전을 기해달라고 신신당부했다. 유명 대기업 출신이었는데,

담당자로서 사명감이 있고 CEO의 관심사를 위해 최선을 다하는 모습이었다. 주제가 좀 뻔하지 않나 해서 걱정했는데, 다행히 매우 성공적인 교육이었다는 평가를 받았다.

그런데 교육을 시작하기 전에 진행실에 들어갔더니 불이 꺼져 있고 담당자는 소파에 누워 자고 있었다. 워크숍 진행을 맡은 외주업체 직원들은 깜깜한 사무실에서 노트북을 켜놓고 말없이 업무를 보고 있었다. 왜 불을 껐느냐고 낮은 소리로 물었더니 손가락으로 담당자를 가리켰다. 잠을 자려고 불을 끄라고 한 모양이었다. 어처구니가 없었다. 사정을 알아보니 문제의 담당자는 워크숍을 준비해야 한다며 하루 전에 외주업체 직원들을 연수원으로 들어오라고 해서 교육장을 세팅한 후 밤새도록 술 접대를 받았다고 한다. 그러고는 교육 시간이 다 되어가는데도 외주업체 직원에게 진행을 맡기고는 불을 끄고 자고 있었던 것이다. 경영자는 '기본으로 돌아가자(Back to the Basic)'를 외치고 있는데 현장은 '백 투 더 바닥(Back to the Bottom)'을 달리고 있었다.

글로벌 시대에 글로벌하지 않은 관행들

글로벌 기업의 직원들과 이야기를 나누어보면 우리나라 기업들과 가장 큰 차이를 보이는 것 중의 하나가 접대비 집행이다. 한 사례를 소개한다.

잘 아는 후배가 다니던 기업이 글로벌 기업에 인수되었다. 새로 임명된 CEO가 한국에 와서 몇 가지 비용 집행 원칙을 준수해줄 것을 요청했다. 접대비를 사용하기 위해서는 반드시 누구를 만나는지, 얼마를 사용할 것인지 사전에 결재를 받아야 한다는 것과 거래처 선물비는 더 이상 집행하지 말라는 것이었다. 자신도 접대비를 쓸 때는 재무 담당 임원에게 결재를 받겠다고 말했다. 반발이 없을 리 없었다. 그동안은 월 한도 내에서 접대비를 마음대로 써왔고 명절 때마다 VIP 고객들에게 선물을 돌렸는데, CEO의 요청대로 하다가는 고객들을 다 잃고 말 것이라며 적어도 고객 선물비만큼은 꼭 집행하게 해달라고 건의했다. 하지만 CEO도 물러서지 않았다. 본사의 확고한 방침이며, 그렇게 해서 고객을 잃게 된다 해도 어쩔 수 없다며 단호하게 거절했다. 대신 회사 중심의 영업이 아니라 철저하게 고객의 편에 서서 일한다면 떠났던 고객도 반드시 돌아올 것이라고 강조했다. 결과는 어땠을까?

후배를 얼마 후 다시 만났는데, CEO의 지시대로 했더니 오히려 일하기가 더 편해졌고 고객들도 떨어져나가지 않았다고 했다. 말로는 '글로벌 스탠더드를 갖춰라', '글로벌 인재가 돼라'고 외치면서 실제로는 전혀 글로벌하지 않은 관행에서 이제는 벗어날 때도 되었다.

정직하면 성공하기 어렵잖아요

우리 집 가훈 중 하나가 '절대 정직'이다. 어렸을 때부터 강조했으니 아이들에게 정직의 가치가 내면화되었으려니 생각했다. 그런데 어느 날부터인가 아이들이 "아버지처럼 정직한 사람은 크게 성공하기 어렵다"면서 나를 설득하려 들었다. 아이들 눈에는 적당히 법망을 피해가며 교묘하게 사는 사람들이 훨씬 더 잘사는 것으로 비친 것 같다.

흥사단 투명사회운동본부 윤리연구센터가 매년 전국 초·중·고 학생들을 대상으로 '청소년 정직지수'를 조사하여 발표하는데, 2016년에는 고교생의 56%, 중학생의 39%, 초등학생의 17%가 '10억 원이 생긴다면 죄를 짓고 1년 정도 감옥에 가도 괜찮다'는 답을 내놓았다고 한다. 누가 우리 아이들을 이렇게 만들었을까? 모두 어른들 탓이다. 가족과의 저녁식사도, 엄마의 생일 선물도 회사의 접대비 카드로 아무렇지 않게 결제하는 아빠의 모습을 보고 자란 아이들이 그런 생각을 갖게 된 것 아닐까? 이런 아이들에게 공(公)과 사(私)를 구분할 줄 알아야 한다는 말이 얼마나 효과가 있을까? 나도 어렸을 적 어른들로부터 "저 사람은 생기는 게 많아서…"라는 말을 종종 들었던 것 같다. 어쩌면 우리는 그렇게 부패의 DNA를 유전시키고 있었는지 모른다.

김영란 법에 확실하게 적응하는 법

일명 '김영란법'으로 알려진 부정청탁금지법이 그렇지 않아도 어려운 경제에 찬물을 끼얹었다고 주장하는 사람들이 있다. 접대 때문에 경제가 버티어 왔다는 이야기다. 잘못된 인식이다. 언제까지 김영란법을 탓하고 있을 것인가? 설사 김영란법에 다소 문제가 있다 해도 근본적으로 부정을 막아야 한다는 큰 흐름을 바꿀 수는 없다. 김영란법에 가장 확실하게 적응하는 방법은 인맥과 돈이 아니라 당당하게 실력으로 승부하는 것이다.

부패 사건이 일어나면 그동안 일구어온 모든 혁신의 성과가 부정되는 사태에 이른다. 그것은 동고동락해온 동료들의 자부심에 상처를 입히는 일이기도 하다. 가족에게도 그렇다. 부정부패는 부끄러운 부모, 부끄러운 배우자라는 열등감을 갖고 살아가게 만든다. 돈 몇 푼 먹고 처벌을 받는 것보다 더 큰 문제는 바로 가까운 사람들의 마음에 씻을 수 없는 상처를 남긴다는 것이다. 부정부패를 무관용으로 다스려야 하는 이유다.

범죄가 판치던 작은 섬 싱가포르를 말레이시아로부터 독립시키고 아시아 최고의 경쟁력 있는 국가로 만든 리콴유(李光耀) 전 싱가포르 총리는 부패 청산에 심혈을 기울였다. 비리를 저지를 경우 가족과 친척들도 법에 따라 엄벌했다. 측근들 중 하나가 우리 돈으로 30만 원을 착복한 사실이 밝혀지자 그를 헬기에 실어 바다에 빠뜨리고 TV로 생중계하라고 했을 정도로 부패에 관한 한 무관용 원칙을 준수했다. 또한 독립된 기구로 부패행위조사국을 설치하여 부패 혐의자와 관련자들의 체포와 수색, 증인 소환, 계좌 추적 등의 권한을 부여했다. 또한 공직자들의 재산을 매년 공개하게 하고, 급여에 비해 화려한 생활을 하거나 재산이 크게 늘어났을 경우 이를 소명하지 못하면 재산을 몰수했다. 부패 관련 범죄자에게는 10배의 벌금을 부과하고, 심지어 사후에도 재산을 환수할 수 있게 함으로써 부패가 발을 들여놓을 수 없는 나라로 만들었다.

싱가포르의 사례는 부패를 일소하는 데 리더의 확고한 의지와 솔

선수범이 얼마나 중요한지를 일깨워준다.

최근에 공무원 한 분과 대화를 나누었는데, 부정청탁금지법이 시행된 후로 권력기관으로부터 청탁을 받는 횟수가 10분의 1로 줄었다는 이야기를 들었다. 우리에게도 변화가 시작되었다는 증거다.

한수원의 윤리경영이 쏘아올린 희망

한국수력원자력(이하 한수원)이 한때 비리의 대명사로 떠오른 적이 있었다. 품질 기준에 미달하는 부품들이 수년 동안 한수원에 조달되었고, 그 과정에서 비리를 알고도 묵인해주고 대가성 금품을 주고받은 사실이 드러났기 때문이다. 이 사건으로 한수원은 언론과 정치권을 비롯하여 온 국민들로부터 혹독한 비난에 시달려야 했고, 그동안 이루어낸 성과마저 모두 부정되는 쓰라린 아픔을 겪어야 했다. 당시에 직원들은 남들 앞에서 한수원에 다닌다는 말도 하지 못할 정도로 자부심에 큰 상처를 입었다. 그런 한수원이 2016년 국민권익위원회가 주관하는 '공공기관 청렴도' 조사에서 최우수 기관으로 선정되는 파란을 일으켰다. 도대체 무슨 일이 있었던 것일까?

한수원은 창사 이래 최고의 위기 상황에서 실추된 이미지와 투명성을 회복해야 한다는 절박감으로 반부패 경영 혁신에 주력하여 부패방지 시스템을 만들고 직원교육을 강화했다. 직무 관련 비리가 적발될 경우 금품 수수액과 상관없이 해임까지 가능하도록 징계 기준을 대폭 강화했고, 공기업 최초로 수의계약 상시 공개제도를 도입했다. 최악의 사건이 체질을 근본적으로 개선할 수 있는 계기로 작용한 것이다.

 한수원은 우리가 알고 있는 것보다 훨씬 우량하고 대단한 회사다. 우리나라가 원자력발전 분야 세계 5위로 올라선 것도, 세계적인 경기 침체 속에서 국부와 일자리 창출의 희망을 보게 된 것도 한수원의 공이다. 최근에는 UAE에 한국형 원전을 수출하여 건설과 향후 운영까지 책임지게 됨으로써 한국형 원전의 세계화에 앞장서고 있다. 울주군에 있는 한수원 인재개발원에 가보니 UAE에 파견하게 될 직원들을 교육시키느라 열기가 뜨겁다. 직원들의 얼굴에도 자부심이 가득하다. 그렇게 한수원은 최고의 위기 상황에서 철저한 반성과 근본적 혁신을 통해 새롭게 태어날 수 있었다.

눈먼 돈, 죽음을 부르는 지원의 역설

의존 증후군

의존 증후군(Dependency Syndrome)이란 기업들이 정부나 관계 회사의 지원, 기존 거래처의 발주에만 의존하고 핵심 역량 개발을 소홀히 하는 현상을 일컫는다.

지원은 했는데 효과는 어디에?

한국 경제가 건강하게 성장하려면 중소기업을 육성해야 한다는 데는 이론의 여지가 없을 것이다. 정부와 지자체, 정치권에서도 그 중요성을 인식하고 매년 꾸준하게 지원제도를 늘리고 있다. 국회 예산정책처에 따르면, 2013년 약 13조 원이었던 중소기업 지원 예산이 2015년에는 약 15조 3,000억 원으로 늘어날 정도로 중소기업 지원 규모가 획기적으로 늘어났다. 그런데 이렇게 늘어난 지원제도가 그만큼의 효과를 거두고 있지 못하다고 한다. 이는 언론 기사를 통해서도 확인할 수 있다.

OO의 OO 전문기업 A사는 지난해 생산라인 효율화를 위해 경영 컨설팅을 받았다. 비용은 금융 공기업 지원으로 충당했다. 석 달 가량의 현장 조사가 이루어진 뒤 보고서가 나왔지만 공정을 바꾸진 않았다. A사 관계자는 "많은 기관에서 컨설팅 지원 사업을 권유해 시험 삼아 한번 받아본 것"이라며 "적용할 만한 게 별로 없었다"고 했다. 한국경제신문, 2016. 10. 18.

프로그램의 충실도도 문제지만, 지원제도를 이용해 금전적 이익이나 각종 혜택을 챙기려는 기업도 적지 않다. 중소기업을 육성하려고 만든 지원제도가 중소기업을 살리는 방향으로 기능하지 못하는 현실의 단면이다.

보조금병에 걸린 기업들

한번은 경영 컨설팅을 하는 분이 여러 중소기업에 컨설팅을 해주고 있다고 하기에 "일이 많아서 좋으시겠습니다" 했더니 "생각보다 돈이 안 됩니다"라는 대답이 돌아왔다. 그 이유가 충격적이었다. 컨설팅을 받는 중소기업들이 이미 컨설턴트가 정부에서 받는 액수를 알고 있어 그 금액의 50%를 돌려주는 조건으로 수임했다는 것이다. 물론 불법이다. 중소기업의 입장에서 볼 때 컨설팅을 받아서 손해

볼 일이 없을 뿐 아니라 컨설팅 비용의 50%는 부수입이 되는 셈이니 꿩 먹고 알 먹고인 셈이다. 이런 행태가 이미 업계의 관행이 되어 버렸다고 한다.

건실한 중소기업을 이끌고 있는 어느 대표에게서 들은 이야기다. 그는 중소기업을 경영하는 사람들 중에서 어떻게 하면 정부 지원금을 많이 받아낼까를 고민하는 이들이 많아 국고가 낭비되고 있을 뿐 아니라, 지원제도가 오히려 중소기업을 죽이는 경우도 있는 것 같다고 말했다. "지원을 해주는데 그게 무슨 소리냐?"고 했더니 본업에 충실하기보다 '눈먼 돈'을 빼먹기에 급급하다는 것이다. 그러면서 자신 같은 사람은 '눈먼 돈도 못 먹는 바보' 취급을 당한다며 씁쓸해했다.

지원금을 받아내는 방법을 잘 알지 못하는 중소기업들을 대상으로 활동하는 브로커들의 활약(?)도 놀라울 지경이다. 그들은 계약금과 성공보수 등으로 꽤 많은 이익을 챙긴다고 한다. 2014년에는 중앙부처의 한 공무원이 보조금제도를 악용하여 사익을 취한 일이 발각되기도 했다. 그는 브로커 회사를 설립한 후 보조금제도를 잘 모르는 영세업자를 대상으로 고령자나 여성을 채용하면 정부가 지급하는 보조금을 받아주겠다고 유인한 후 30%를 수수료로 받아 58억 원을 챙겼다고 한다. 그 대담함이 놀라울 뿐이다.

망하기 어려운 기업을 쓰러뜨린 '독(毒)'

기업의 역사를 공부하다 보면 '이 기업이 왜 망했지?'라고 묻게 되는 경우가 있다. 일본의 미쓰비시자동차도 그런 기업들 중 하나다. 일본 최고의 기술력에다 토요타보다도 우수한 인재를 가졌다고 평가받았던 미쓰비시자동차가 망하리라고 생각한 사람은 아무도 없었다. 그랬던 이 회사가 망한 이유가 무엇일까?

미쓰비시자동차는 2000년의 리콜 사태 은폐에 이어 2004년에도 같은 문제를 일으키며 위기를 맞았다. 하지만 그룹 계열사들이 나서서 미쓰비시자동차를 지원하고 직원들까지 차량 구매에 동참하면서 부활하는 듯했다. 모두가 일시적 위기라고 생각했다. 그러다가 2016년 또다시 연비 조작 사건이 터지면서 시장의 신뢰를 완전히 잃게 되었고, 결국 닛산에 인수되는 비운의 주인공이 되고 말았다.

전문가들은 미쓰비시의 실패가 계열사들의 지원에 의존하는 속성과 상명하복을 미덕으로 아는 군대식 조직문화에서 비롯되었다고 지적했다. 그룹 내에서 서로를 밀어주고 지원하는 내부 유착이 독(毒)이 된 케이스라는 것이다.

지원은 의존이 아닌 독립을 가능하게 할 때 의미를 가질 수 있다. 스스로 지켜내지 못하는 지원은 죽음을 재촉할 뿐이다. 중소기업 지원제도도 그런 측면에서 개선할 필요가 있다. 중소기업을 지원해야 한다는 대전제는 옳지만, 보조금에 의지하려고만 할 뿐 정작 중요한 핵심 역량 개발을 소홀히 하는 기업은 결코 자생력을 갖출 수 없다. 살리기 위한 지원이 도리어 수명을 단축시키는 독으로 작용할 수 있다는 사실을 명심해야 한다.

한국을 신뢰하게 만든 이 대표

핵심 역량이란 한마디로 '대체 불가능한 능력'이다. 대체 불가능한 인재는 위기가 와도 불안해할 필요가 없지만, 대체 가능한 직원은 자신의 운명을 스스로 결정하지 못하고 비굴하게 타협하며 직장생활을 하게 될 가능성이 높다. 기업도 마찬가지다. 핵심 역량을 가지고 있어야 초경쟁 시대에 당당하게 살아남을 수 있다.

중소기업을 경영하는 친구가 있다. 암반파쇄기의 핵심 제어 시스템을 제작하여 수출하는 리텍의 이건직 대표다. 그는 공업계 고등학교를 졸업한 후 독자적 기술을 꾸준히 개발하여 오늘에 이르렀다. 세계적인 불경기 속에서도 리텍은 꾸준한 성장을 이어가고 있다. 회사 규모는 작지만 세계 1등을 목표로 기술 개발에 몰두해온 결과다.

이 대표는 눈앞의 이익에 연연해하지 않았다. 1등이 아니면 언제든 도태될 수 있다는 생각으로 핵심 역량을 개발하고 고객사가 성공할 수 있도록 지원하는 데 집중해왔다. 리텍의 제품을 수입한 터키의 한 회사는 경쟁사보다 내구성이 뛰어난 암반파쇄기를 만든 덕분에 자국은 물론 유럽 시장에까지 판매를 확대해 수십 배의 성장을 달성했다고 한다. 이 대표는 제품만 수출한 것이 아니라 현지에 가서 경영 및 기술 지도를 통해 수입사의 오너인 회장으로부터 깊은 신뢰를 받아 지금도 무슨 문제가 생기면 도와달라는 연락을 받고 수시로 현장으로 달려간다. 그 과정에서 유럽의 고객들과도 교류를 넓혀 리텍의 기술력을 활용하고자 하는 고객이 늘어나고 있다. 그를 만난 해외 고객들이 "한국이 하는 모든 일, 모든 제품을 신뢰한다"고 해서 이유가 무엇이냐고 물으니, "이 대표를 보면 한국을 신뢰하지 않을 수 없다"고 대답했다고 한다. 이 정도면 비록 규모는 작을지라도 가히 한국을 대표하는 경영자라 할 수 있지 않을까?

이건직 대표는 지금까지 한 번도 중소기업 지원제도를 이용해볼 생각을 하지 않았다고 한다. 물론 어려움이 없지 않았지만, 지원제도에 의지하다 보면 본질보다 다른 일에 신경을 쓰게 될 것 같아서였는데, 결과적으로 그러한 마음가짐 덕분에 오늘에 이르게 되었다는 것이다.

그걸 머리라고 달고 다니냐!

스몰리더 증후군

스몰리더 증후군(Small Leader Syndrome)이란 유능한 직원들을 보유하고 있음에도 불구하고 리더가 그들과 소통하지 못하고 그들의 능력을 고갈시켜 개인과 기업의 잠재력을 약화시키는 현상을 일컫는다.

그들은 왜 회사를 떠날까?

"요즘 신입사원들과 같은 시대에 태어났다면 나는 회사에 들어오지 못했을 것이다."

최근 기업의 관리자들로부터 자주 듣는 말 중 하나다. 그만큼 화려한 스펙과 능력을 보유한 직원들이 입사하고 있다는 뜻이다. 그런데 어렵게 입사의 관문을 통과한 신입사원들이 1년 이내에 퇴사하는 비율이 매년 늘어나고 있다. 개인의 문제일 수도 있지만, 팀장이나 선배들의 리더십에 실망해서 회사를 떠나는 경우도 비일비재하다고 한다.

급여 수준도 높고 브랜드 이미지도 좋은 유명 대기업에 근무하던 유능한 대리가 사직서를 제출했다. 사직서에는 '일신상의 사유'라고 적었다. 대부분의 직장인들이 회사를 그만둘 때 쓰는 표현이다. 인사 담당자가 직접 만나 이유를 물었다. 그랬더니 팀장이 "너는 그걸 머리라고 달고 다니냐!"라고 말했다면서 회사가 아무리 좋아도 그런 소리를 하는 팀장 밑에서는 일할 수 없었다고 토로했다. 이 일이 있은 후 이 기업은 말을 함부로 하는 관리자들에게 인사상 불이익을 주겠다는 방침을 제정했다.

직원들은 환호하는데 임원은 불편해한다?

아주 잘나가는 기업에서 '변화와 혁신'에 대한 강의를 했다. 지금은 잘나가고 있더라도 앞으로 어떤 위험에 직면하게 될지 모르며, 왜 변화와 혁신이 중요한지를 설명하고, 원활한 소통이 가능하도록 조직의 DNA를 바꿔야 한다고 강조했다. 특히 단군 이래 가장 유능한 직원들을 뽑아놓고도 입 다물게 만드는 조직문화를 바꾸지 않으면 기업의 미래를 담보할 수 없다고 강한 톤으로 주장했다. 개인적으로 알고 지내는 직원들과 거래처들로부터 들은 이야기를 활용하여 그들이 아파할 만한 부분을 건드리기도 했다. 직원들은 귀기울여 듣고 공감해주었다. 강의를 마치자 "와!" 하며 환호하고 기립박수를 보내기도 했다. 강사로서 가장 신나는 순간이다. 그런데 왠지 임원들은 얼굴이 밝아 보이지 않았다. 뭔가 불길한 느낌이 들었다.

아니나 다를까, 다음 주에 있을 2차 강의를 준비하고 있는데, 교육부서에서 연락이 왔다. 말인즉슨, 강의는 좋은데 회사 이야기는 빼주었으면 좋겠다는 것이었다. 할 수 없이 2차 강의에서는 그 회사 이야기는 모두 빼고 다른 회사, 외국 회사 이야기만 했다. 신발을 신고 발바닥을 긁은 셈이다.

직원들이 환호한 이유는 분명하다. 자신들이 하고 싶었던 이야기를 내가 대신 해주었기 때문일 것이다. 임원들이 불편해한 이유 또한 분명하다. 그동안 누려왔던 특권을 버리고, 직원들의 다양한 생각을 수용하고, 반대 의견을 제시하는 직원들의 이야기를 경청해야 한다는 나의 강의 내용이 자신들에게 매우 위험해 보였을 것이다. 머리로는 이해할 수 있지만 실제 하려고 하면 뭔가 큰 손해를 볼 것 같다는 생각이 들었던 것이다.

소통을 약속해놓고 소통을 막은 경영자

경영진 중 한 명이 사회적 물의를 일으켜 지탄의 대상이 된 기업이 있었다. 경영자는 언론 앞에서 깊이 자기반성을 하고 다시는 이런 일이 발생하지 않도록 직원들을 존중하고 소통을 강화할 것을 천명했다. 약속대로 이 기업은 소통위원회를 신설하는 등 뭔가 달라질 것이라는 기대를 갖게 했다. 송년사를 낭독하던 경영자가 직원들과의 소통 강화라는 대목을 읽다가 눈물을 흘리는 장면이 그대로 보도되기까지 했다. 그 사건에서 충격을 받은 경영자가 철저히 자기반성을 하고 있다고 믿기에 충분해 보였다.

그런데 알고 보니 사실이 아니었다. 소통이라는 대목을 읽다가 목이 메어 운 게 아니라 화가 나서 더 읽지 못하고 송년사를 찢고 뛰쳐나간 것이었다. 옆에 있던 임원이 찢어진 송년사를 겨우 이어서 읽는 것으로 그날의 송년회를 마쳤다고 한다. 소통의 통로를 만들겠다며 취한 조치도 말뿐이었음이 드러났다. 여기서 끝이 아니었다. 경영자는 공개적으로 약속한 대로 회사 인트라넷에 임직원들이 자유롭게 소통할 수 있는 장을 마련했고, 직원들은 전과 달라졌을 것이라고 생각하여 개선이나 혁신에 관한 의견을 올렸다. 그런데 알 수 없는 ID로 직원들을 비난하거나 반대하는 댓글이 속속 올라왔다. 알고 보니 다름 아닌 경영자가 쓴 것이었다. 국민들 앞에서 머리 숙이며 반성한다고 했던 바로 그 경영자가 자신의 신분을 감추고 그런 행동을 하고 있었던 것이다. 소통을 강화하겠다며 간담회를 개최하는 등 노력을 기울이는 것처럼 보였지만, 진정성 없는 일회성 이벤트였음이 드러난 것이다.

스몰리더에서 빅리더로

요즘 어디를 가나 소통을 강조하고 있지만 실제 업무 현장에서는 위와 같은 일들이 비일비재하게 발생하고 있다. 좀처럼 소통이 되지 않는 이유는 무엇일까?

삼성경제연구소(SERI)가 '조직 내 소통 활성화를 위한 연구'에서

밝힌 바에 따르면, 한국 기업들이 안고 있는 소통의 장애물은 애매하고 일방적인 지시, 부적절한 피드백, 협력 부재, 부서 이기주의, 경청과 쌍방향 의사소통 부족, 경영진과 상사의 고충 해결 능력 미흡, 칭찬과 격려 부족 등이다(CEO Information, 제795호). 이러한 문제들을 누가 해결할 수 있을까? 직원들의 몫도 있겠지만, 대부분은 리더들이 어떻게 하느냐에 달려 있다. 리더십 분야의 권위자인 백기복 국민대 경영학부 교수도 조직 내 소통 장애의 99%는 리더들의 잘못이라고 지적한다.

소통이란 다양한 생각을 담는 것이다. 그릇의 크기가 커야 많은 음식을 담을 수 있듯이 리더의 그릇이 커야 다양한 생각을 담을 수 있다.

고도성장기에는 웬만하면 흐름에 편승하여 어느 정도 성과를 낼 수 있었다. 하지만 저성장이 고착화되는 시대에는 구성원들의 다양한 생각을 조직의 성과로 이끌어낼 수 있는 창조적 소통의 리더십이 요구된다.

직원들의 다양한 생각을 수용하지 못하고 능력을 고갈시키는 리더를 '스몰리더(small leader)'라고 한다. 반면 직원들의 생각을 수용하여 이들이 가진 능력을 최대한 발휘할 수 있도록 도와주고 기회를 주는 리더는 '빅리더(BIG LEADER)'다.

스몰리더는 직원들을 믿지 못하고 사사건건 지시하고 간섭하며, 다양한 생각을 포용하지 못하고 억압하여 그들의 주도성과 창의성을 말살시킨다. 실무자 시절에 유능했던 직원들 가운데 관리자가 된 후에 스몰리더로 변하는 경우가 의외로 많다. 실무자의 역할에서 한 차원 높은 리더의 역할로 전이(轉移)하지 못해 나타나는 현상이다. 혼자의 힘으로 업무를 처리하던 습관이 그대로 남아 리더가 된 후에도 혼자서 다 처리하려 들기 때문이다. 직원들에게 기회를 주어 일이 돌아가도록 만들지 못하는 것이다.

빅리더는 직원들의 잠재력을 신뢰하며, 어떤 의견도 자유롭게 개진할 수 있도록 함으로써 직원들이 업무의 주인이 되는 분위기를 조성하여 창의성을 최대한 이끌어낸다.

리더들이 흔히 착각하는 것이 있다. 소통과 말을 동일시하는 것이다. 그래서 많은 말로 지시하고 명령한다. 일방적으로 내뱉는 말은 소통이 아니다. 소통은 주고받는 것이다. 상대방의 귀로 듣고, 상대방의 마음으로 느끼고, 상대방의 눈으로 볼 수 있어야 한다. 하지만 사람의 대화 습관은 쉽게 바뀌지 않는다. 바람직한 소통을 위해서는 인내심을 가지고 자신을 바꾸기 위해 지속적으로 노력해야 한다. 조직 또한 마찬가지다. 소통을 조직문화로 정착시키려면 교육 기회를 제공하고, 협력하는 직원을 우대하는 평가제도를 정비하고, 소통의 시스템을 구축해야 한다.

무엇보다 진심이 담겨야 한다. 이미지에만 신경을 쓰는 정치인들처럼 이벤트로 보여주는 소통에 그치지 말고 진심으로 소통해야 한다. 소통은 리더의 몫이다.

위기의 징후들

당신이 속한 조직에 다음과 같은 증상이 있다면 체크하시오.

▦ 존경받는 리더가 드물다.

▦ 공금을 목적 외의 용도로 사용하는 직원이 꽤 있다.

▦ 거래처와의 관계에서 부정행위가 발생하고 있는 것으로 알고 있다.

▦ 장기적 관점보다는 단기적 관점에서 경영을 한다는 생각이 든다.

▦ 우리 조직의 비전에 대해 부정적인 이야기들을 많이 한다.

▦ 리더들이 미래보다는 과거(왕년)에 대한 이야기를 많이 한다.

▦ 말은 많은데 실행에 옮기는 일은 별로 없어 보인다.

▦ 과거의 관행들이 별다른 이의 제기 없이 그대로 이어지는 편이다.

▦ 경쟁자들에 비해 대응 및 변화 속도가 느리다.

▦ 상사들의 잘못된 결정에 대해 직원들이 침묵하고 있다.

▦ 평범하게 직장생활을 하다가 정년까지 가면 된다는 의식이 팽배하다.

▦ 간부를 비롯한 직원들의 퇴사율이 높다.

▦ 혁신적인 생각을 갖고 있는 직원들이 오히려 불이익을 받는 편이다.

▦ 자기계발을 하지 않아도 별다른 위험이 없다고 생각하는 직원들이 많다.

▦ 쓸모없는 일을 할 때가 많다.

▦ 타 부서의 협력을 이끌어내는 데 어려움을 겪는 편이다.

▦ 의사결정의 속도가 느리다.

■ 갈등이 발생할 경우 이를 해결할 수 있는 역량이 부족해 보인다.

■ 진정한 열심을 갖고 일하는 직원보다 처세술이 높은 사람이 더 우대받는다.

■ 위에서 내려오는 결정을 기다리는 편이다.

결과 _____ 개

1. 16개 이상 : 심각(serious)

지금 당장 근본적 변화를 도모하지 않으면 존폐의 위기에 직면할 수 있다. 인기가 없더라도 변화 프로그램을 수립하여 가동해야 한다. 그 과정에서 고통스러운 일들을 감수해야 할 가능성이 높다.

2. 11~15개 : 위험(dangerous)

위험한 수준이다. 조직 전반에 걸쳐 부정적인 면이 많이 노출되어 있어 그대로 방치할 경우 심각한 문제에 직면할 수 있다. 직원들이 위기의식을 공유할 수 있도록 현재 조직이 처한 현실을 직시하게 하고, 지속적인 교육을 통해 변화와 혁신에 대한 동참을 이끌어내야 한다.

3. 6~10개 : 보통(ordinary)

대부분의 기업들이 이 수준에 있다. 평범한 수준에 만족하고 있다가는 장기적으로 도태의 길을 걷게 될 수 있다. 혁신에 대한 작은 성공의 경험을 통해 변화와 혁신에 대한 자신감을 가질 수 있도록 해야 한다.

4. 4~5개 : 양호(good)

비교적 경영이 안정되고 잘나가는 조직이다. 큰 문제는 없어 보이지만, 역량 파괴적 환경 변화에 직면했을 때는 몇 가지 부족한 요인이 조직을 위험에 빠뜨리게 하는 단서를 제공할 수 있으므로 개선을 위해 더욱 노력해야 한다.

5. 0~3개: 스타(star)

아주 우수한 스타급 조직이다. 지금까지 잘해왔던 것들을 창조적으로 계승하여 발전시키면서 지속적 혁신을 이어간다면 더 큰 기업으로 성장할 수 있을 것이다.

2

미래는 문밖에 있다

변화와 혁신의 엔진 '아웃사이트'

자동차를 오래 사용하다 보면 부분 정비를 해야 할 때도 있고, 엔진을 통째로 들어내어 새것으로 교체해야 할 때도 있다. 기업도 마찬가지다. 환경 변화에 따라 경영 방식을 개선해야 할 때도 있지만 모든 것을 완전히 바꿔야 할 때도 있다.

지금까지는 유능한 직원들이 일치단결하여 독자 기술을 개발하면 성공을 거둘 수 있었다. 그러나 더 이상은 과거의 방식이 통하지 않는 시대가 되었다. 이제는 아웃사이트가 필요하다. 인사이트(insight) 위주의 구형 엔진을 창조와 혁신의 신형 엔진인 아웃사이트(outsight)로 전면 교체해야 한다.

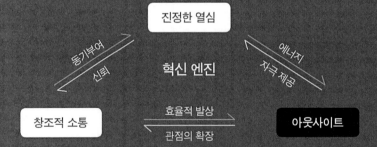

무엇이 조직을 젊게 만드는가

한 나라의 경제를 늙은 경제, 젊은 경제로 나눈다면 그 기준은 무엇이 되어야 할까? 단지 경제의 역사와 규모만 놓고 말할 수는 없을 것이다. 미국과 독일의 경제는 우리보다 역사도 오래고 규모도 크지만 늙은 경제라고 이야기할 수 없다. 한 나라의 경제가 젊었는지 늙었는지를 결정하는 것은 존속 기간이나 규모가 아니라 혁신 역량이다. 그런 면에서 독일 경제는 젊다. 혁신에 혁신을 더하여 유럽을 포함한 세계적인 경제위기 속에서도 당당하게 경제 리더의 위상을 이어가고 있다.

독일 경제가 잘나가는 비결

요즘 4차 산업혁명이라는 용어가 화두다. 그 근원은 독일의 '인더스트리 4.0(industry 4.0)'이다. 독일은 제조업 강국이자 세계 2위의 수출국이지만, 저임금 신흥국과의 경쟁, 한국과 중국 등 기술 후발국의 추격 등에 위기를 느껴 새로운 묘책을 강구했다. 그것이 바로 2010년에 시작된 인더스트리 4.0이다. 인더스트리 4.0은 시장의 변화에 유연하게 대응하며 개인화되는 요구를 충족시킬 수 있는 새로운 유형의 생산 체계를 만드는 것이다. 인간과 기계가 협력하기도 하고, 자동적으로 대응할 수 있는 사이버 물리 시스템(CPS, Cyber Physical System)을 기반으로 생산 현장을 혁신하는 새로운 방식의 패러다임이다.

대표적인 예가 세계적인 스포츠용품업체인 아디다스의 '스피드 팩토리(Speed Factory)'다. 값싼 노동력을 찾아 아시아로 생산 기지를 옮겼던 아디다스가 2017년부터는 독일 공장에서 신발을 생산한다고 발표하여 주목을 받았다. 중국 공장에서는 연간 50만 켤레를 생산하는 데 600여 명의 인력이 필요한데, 독일의 스피드 팩토리에서는 10명이면 가능하다고 한다. 사람이 할 일을 로봇이 대신하기 때문이다. 게다가 개인적 취향이나 신체적 특징에 따라 세상에서 하나뿐인 '나만의' 맞춤형 신발을 생산한다고 한다. 산업의 지각 변동을 의미하는 시그널이다.

100m 달리기 세계 기록 보유자인 우사인 볼트나 축구의 신으로 불리는 리오넬 메시 같은 세계적인 스포츠 스타들은 자신에게 맞는 신발을 따로 맞춰 신는다. 그런 신발을 나도 한번 신어보고 싶다는 생각을 해보았을 것이다. 엄청난 가격 때문에 일반인에게는 그림의

떡일 뿐이지만 스피드 팩토리가 구현되면 현실화될 수 있다. 발을 스캐닝한 데이터에 선호하는 디자인과 필요한 기능에 대한 정보를 추가하면 3D프린터가 원자재를 재단하고 가공하여 개인에게 최적화된 제품을 만들어낼 수 있다. 자동차도 이제까지는 완성차를 구입한 후 개인의 취향에 맞게 튜닝하려면 해체 수준에 가깝게 분해하고 조립하느라 많은 비용과 시간이 들었는데, 앞으로는 개인의 취향대로 튜닝된 차를 자동차회사에서 직접 받아볼 수 있는 시대가 되었다.

독일은 인더스트리 4.0을 통해 자동차, 엔지니어링, 전자 등 주력 산업의 경쟁력을 끌어올려 해외로 이전한 기업들의 국내 복귀를 꾀하고 있다. 또한 관련 설비의 해외 판매 외에 이미 판매되거나 앞으로 판매할 설비의 유지보수 시장에서도 리더 역할을 할 것으로 예상된다.

독일이 젊은 경제를 유지할 수 있는 것은 제조업이라는 핵심 역량에 디지털 기술을 접목하는 혁신 활동에 국가적 역량을 집중하여 기회를 창출하고 있기 때문이다. 그것이 독일의 힘이다.

중국이 두려운 진짜 이유

세계 최대 가전 전시회 'CES(Customer Electronic Show) 2017'을 취재한 각 언론사의 반응은 한마디로 '중국이 두렵다'였다. 전 세계 3,800개 참가 기업 중 3분의 1이 중국 기업이었을 뿐만 아니라 인공지능, 사물인터넷(IoT), 빅데이터, 자율주행차, 드론, 3D프린터 등의 첨단 분야에서 그들이 이루어낸 약진이 경악할 수준에 이르렀던 것이다. 뛰어난 기술력과 막대한 자본력에 더해 거대 내수시장이라는 성장 잠재력까지 갖춘 중국 기업들은 위협적인 존재임에 틀림없다. 세계적인 전기차업체인 테슬라에 맞서 전기차 시장에 도전한 패러데이퓨처, 자체 스마트카 운영체제(OS)를 개발하여 애플과 구글의 무인차에 맞서고 있는 러스왕, 미국 컴퓨터 하드웨어업체 엔비디아와 손을 잡고 시속 100km 이상의 자율주행차 시험 운행에 성공한 바이두 등이 대표적인 기업들이다.

그에 비해 CES 2017에 참가한 우리 기업은 그 숫자도 중국의 10% 정도밖에 되지 않았고, 혁신적인 제품을 많이 선보이지도 못했다는 평가를 받았다. 미국, 독일 등 혁신을 선도하는 기업들과의 격차는 점점 더 벌어지는데, 중국 등 후발 주자들의 추격은 빠르기만 하다. 중국에서는 하루 1만 개꼴로 창업이 이루어지면서 4차 산업혁명을 주도할 혁신 기업들이 쏟아져나오고 있다고 한다. 우리 기업들의 미래를 걱정하지 않을 수 없다.

산업에서 영역으로, 혁신을 일상화하라

산업의 패러다임이 바뀌면 새로운 강자가 등장하고 기존의 강자는 사라지는 경우가 많다. 스마트폰이 시장을 장악하면서 기존의 강자였던 노키아는 힘을 잃었고, 핸드폰 기기를 만들어본 적도 없던 애플이 새로운 강자로 부상했다. 이와 더불어 '빅뱅 파괴자(big-bang disruptor)'라는 용어가 회자되었다. 지금까지는 파괴적 혁신(disruptive innovation)으로 품질을 업그레이드하여 고객들의 마음을 사로잡는 기업들이 시장을 주도해왔다면, 앞으로는 어느 순간 갑자기 등장하여 시장을 장악해버리는 빅뱅 파괴자들이 주인공이 될 것이다. 그만큼 예측이 어려울 수밖에 없다. 자동차 시장만 봐도 그렇다. 전기차와 자율주행차로 패러다임이 변화하면서 어떤 기업이 강자로 우뚝 설지 알 수 없는 상황이다. 지금까지 잘나가던 자동차기업도 자칫하다가는 하루아침에 부품업체로 전락할 수도 있다.

산업 간의 경계도 급속히 붕괴되고 있다. 산업 전반에 융복합이 보편적인 추세로 등장하면서 경쟁의 장(場)이 산업(industry)에서 영역(arena)으로 빠르게 전환되고 있다. 과거에는 구글을 IT기업으로 분류했으나, 자율주행차를 만드는 현재의 구글은 IT기업인지 자동차기업인지 분류하기가 어려워졌다. 이제는 같은 회사라 해도 자율주행차 영역, 로봇 영역 등으로 분류할 수밖에 없게 된 것이다.

이러한 시대에는 한 번 혁신에 성공했다고 안도하는 순간 새로운 경쟁자가 나타나 순식간에 혁신의 성과를 물거품으로 만들어버릴 수 있다. 따라서 혁신의 일상화 또는 습관화로 단기적 경쟁우위를 지속적으로 창출하는 기업만이 생존할 수 있다. 그러기 위해서는 그동안 경쟁력의 원천으로 삼아왔던 내부 자원과 핵심 역량에 대한 의존에서 탈피할 수 있어야 한다. 창조적인 직원을 채용하고 일하는 방식과 인간관계, 조직문화까지 송두리째 바꾸어야 한다.

강도 높은 변화와 빠른 혁신이 가능한 기업이라야 젊은 기업이라고 할 수 있다.

스스로 전공을 창조하라

"전 세계 7세 이하 어린이가 사회에 나가 직업을 선택할 때가 되면 65%는 지금은 없는 직업을 갖게 될 것이다."

김도연 포항공대 총장이 최근에 한 특강에서 한 말이다. 그토록 열심히 사교육에 시달리며 배운 지식들이 쓸모없어지는 현실을 적절하게 표현한 말이다. 직장인들도 마찬가지다. 나를 든든히 지켜줄 것이라 믿어온 학력, 자격증, 경력 등이 신기술의 출현과 함께 하루아침에 무용지물이 되거나 경우에 따라서는 저주가 될 수도 있는 시대가 오고 있다.

'1만 시간의 법칙'의 종언

"건강을 생각한다면 담배를 피우세요."

말도 안 되는 이야기지만 1950년대에는 의사들이 이렇게 흡연을 권장하기도 했다고 한다. 일반인은 물론 환자에게 담배를 처방한 경우도 있었다. 하지만 1960년대 들어 상황이 급변했다. 치명적일 수도 있는 중독성 물질을 함유하고 있다는 사실이 밝혀지면서 담배는 건강의 적이 되었다. 프랑스의 한 연구팀은 50여 년간 간경화와 간염 분야에서 발표된 500여 건의 논문을 분석하고, 이 가운데 절반이 오류이거나 낡은 지식으로 판명났다고 밝히기도 했다.

이 같은 일은 의학뿐 아니라 다른 학문 분야에서도 비일비재하게 벌어지고 있다. 지식에도 유효기간이 있다. 2010년 2월 미국의 일간지 〈보스턴 글로브〉에 '경고 : 여러분은 낡은 현실에서 살고 있다(Warning : Your reality is out of date)'는 제목의 글을 실어 유명해진 복잡계 물리학자인 새뮤얼 아브스만은 《지식의 반감기》라는 책에서 지식을 방사성 동위원소에 비유하여 모든 지식은 반감기가 있다고 주장했다. 즉, 효용도가 일정 비율로 계속 줄어든다는 것이다. 그에 따르면, 지식의 반감기는 분야별로 다른데 물리학이 13.07년, 경제학은 9.38년, 수학은 9.17년, 심리학은 7.15년, 역사학은 7.13년, 종교학은 8.76년이다. 끊임없이 성과를 내는 리더에 대해 다룬 책 《루키 스마트》의 저자 리즈 와이즈먼도 비슷한 주장을 한다. 1970년대에는 전 산업에 걸쳐 지식의 쇠퇴율이 연 10%를 약간 상회했는데, 2005년부터는 해마다 15%씩 쓸모없어지고 있으며, 기술 부문의 쇠퇴율은 연 30%에 달하기도 한다. 끊임없이 지식을 갱신하지 않으면 5년 후에는 지식의 15%만 유효하게 된다는 것이다.

두 사람의 주장은 말콤 글래드웰이 《아웃라이어》에서 강조한 '1만 시간의 법칙'에 종언을 고한다. 특정 분야에서 성공한 사람들을 연구한 결과 1만 시간 이상의 집중적인 노력이 있었다고 해서 큰 반향을 불러일으켰는데, 지금은 1만 시간이 오기 전에 또다시 새로운 것들을 학습해야만 하는 시대라는 것이다. 하나의 지식을 유지하기보다는 끊임없이 새로운 지식을 획득하려는 노력이 더 중요하다.

"21세기의 문맹은 읽고 쓰지 못하는 사람이 아니라 배우고, 잊어버리고, 다시 배우는 능력이 없는 사람이다."

미국의 미래학자 앨빈 토플러의 말이다.

어떤 환경에서도 적응하고 학습할 수 있는가?

지식의 반감기가 짧아진다는 것은 결국 많이 배운 사람보다는 많이 배우는 사람이 되어야 한다는 것을 의미한다. '길 위의 철학자'로 불리는 미국의 사회철학자 에릭 호퍼는 그의 저서 《인간의 조건》에서 "급격한 변화의 시기에 미래를 물려받는 것은 학습자다. 박식한 사람이란 대개 더 이상은 존재하지 않는 세상에 살도록 맞춰진 사람이다"라고 말했다.

4차 산업혁명이 가져올 미래는 우리가 이제껏 한 번도 경험하지 못한 세계에서, 한 번도 경험해보지 않은 낯선 일들을 감당해야 할 시간일 것이다. 따라서 어떤 환경에 노출되더라도 적응하고 학습할 수 있는 능력을 가진 사람이라야 혁신할 수 있고, 미래의 주인공이 될 수 있다.

당신의 전공은 무엇인가?

강의 중에 "당신의 전공은 무엇입니까?"라고 묻는 경우가 종종 있다. 그러면 대부분 대학 시절의 전공을 이야기한다. 그런데 그 전공이 현재의 삶과 무관하다면 무슨 의미가 있을까? 예를 들어 문학을 전공했다는 사람이 졸업 후 문학작품을 써보기는 고사하고 전혀 읽어보지도 않았다면, 잘 알려진 문학작품에 대해 남들에게 해설을 해주지 못한다면, 다시 말해서 그의 삶에 문학이 아무런 역할을 하지 못한다면, 그 전공은 한낱 과거의 행적에 불과할 뿐이다. 전공이라고 말할 수 있으려면 자신의 전문성을 입증시켜줄 실력이 뒷받침되어야 한다.

대학 졸업 후 직장 한두 곳에서 30년간 근무하고 은퇴하는 시대는 이미 지나갔다. 다가오는 100세 시대에는 다양한 직업을 가지고 살아야 한다. 직장에서도 신기술의 출현과 더불어 끊임없이 새로운 직무(job)를 처리해야 한다. 학교에서 배운 것만으로는 버틸 수 없다. 전공 지식을 갱신하는 것은 물론이고, 필요할 경우 새로운 전공을 스스로 창조하는 노력을 지속해야 한다. 이것이 최고의 학습이고, 미래를 준비하는 가장 확실한 방법이다.

그런 의미에서 3M 한국 지사장을 거쳐 현재는 '아이디어닥터'라는 개인 브랜드로 활동하고 있는 《세상은 문밖에 있다》의 저자 이장우 박사는 스스로 전공을 창조하는 사람의 대표적 모델이라고 할 수 있다. 그는 끊임없이 다양한 분야에 호기심을 가지고 관련 서적들을 탐독하며, 배울 수 있는 곳이라면 세계 어디든 찾아간다. 프랑스, 네덜란드, 독일, 영국, 벨기에 등으로 직접 날아가 체험과 학습의 기회를 갖고 아이디어를 얻는다. 그러한 노력으로 얻은 결과들로 자신의 새로운 전공을 만들고 와인 토크(wine talk), 비어 토크(beer talk), 치즈 토크(cheese talk), 초콜릿 토크(chocolate talk) 등을 개최하여 사람들과 공유하거나 기업들에 새로운 비즈니스 아이템을 제공한다. 이제는 푸드 큐레이터(food curator)로까지 영역을 확장하여 활발한 활동을 벌이고 있다. 쌓이고 쌓인 경험과 지식을 융합시켜 아이디어에 아이디어를 더하고, 계속해서 새로운 전공을 창조해가고 있는 것이다. 앞으로 그가 또 창조해낼 전공이 무엇일지 궁금하다.

당신의 전공은 무엇인가?

졸업장의 전공 말고 당신의 현재 전공은 무엇인가?

앞으로 개발하고 싶은 전공은 무엇인가?

미래는 문밖에 있다

기업들의 인재상을 보면 창의 또는 창조라는 말이 들어가지 않는 경우가 드물다. 그만큼 창조와 혁신이 중요하다는 사실을 인식하고 있다는 방증일 것이다. 그렇다면 개인과 기업이 창조 역량을 강화할 수 있는 방법은 무엇일까?

아웃사이트(outsight)를 얻는 4가지 방법

지식과 기술이 폭발적으로 증가하는 시대에는 열심히 노력하는 것만으로는 부족하다. 변화를 따라갈 수 없기 때문이다. 따라서 생각의 틀을 완전히 바꾸는 혁신적 사고가 필요하다. 이를 위해서는 눈을 밖으로 돌려야 한다.

프랑스의 인시아드경영대학원에서 조직행동론을 가르치는 허미니아 아이바라 교수는 혼자 골똘히 앉아 생각하는 것(insight)으로는 해답을 찾는 데 점점 더 한계가 있으므로 밖으로 나가 새로운 사람을 만나고, 경험하고, 행동하면서 아웃사이트(outsight)를 얻어야 한다고 주장한다. 아웃사이트가 미래의 주인공이 되기 위한 신학습 전략이자 창조의 원리로 주목받고 있다.

인사이트는 내가 갖고 있는 지식과 기술, 경험을 토대로 내 안에서 해답의 실마리를 찾는 것이라고 할 수 있다. 그에 비해 아웃사이트는 밖으로 나가 그곳의 지식과 기술, 경험 등을 동원하여 해답의 실마리를 찾는 것이다. 전자는 내통찰(內洞察), 후자는 외통찰(外洞察)로 구분할 수 있다. 아래 표는 둘의 차이를 정리한 것이다.

아웃사이트를 가지려면 어떻게 해야 할까? 다음의 4가지에 집중해야 한다.

첫째, 과감하게 외부 지식을 받아들여라.

과거에는 최선을 다하는 것을 미덕으로 여겼다. 하지만 이제는 열

인사이트 vs 아웃사이트

	인사이트(insight)	아웃사이트(outsight)
지식	내부 지식	외부 지식
경험	과거의 경험	새로운 경험
네트워크	익숙한 만남	새로운 만남
우선순위	생각(Think and Act)	실행(Act and Think)

심히 하는 것보다 잘하는 것이 중요하다. 똑똑한 사람들이 넘쳐나는 시대다. 우리 직원들도 똑똑하지만 다른 회사 직원들도 똑똑하다. 우리 회사가 갖고 있지 않은 기술을 갖고 있는 회사 또한 넘쳐난다. 내가 가지고 있는 것만으로 문제를 해결하려 든다면 속도도 늦어질 뿐 아니라 자칫 영원히 도태될 수 있다. 내가 잘할 수 있는 것에 집중하고, 나머지는 더 잘하는 사람을 활용할 줄 알아야 한다. 남의 것을 가져다 쓰는 것은 나의 무능을 인정하는 것이 아니라 내가 더 유능해질 수 있는 용기이자 지혜다.

둘째, 새로운 경험에 투자하라.

사람의 생각은 경험의 틀을 벗어나기가 쉽지 않다. 고정관념이 생기는 이유는 자신이 경험한 범위 안에서만 생각하고, 그것을 믿어버리기 때문이다. 좀처럼 고정관념을 깨지 못하는 이유는 좁고 얕은 경험에서 벗어나지 못하기 때문이다. 세상은 복잡하고 알아야 할 것도 많다. 앞으로 어떤 일이 펼쳐질지 예상하기도 어렵다. 전혀 새로운 세상에 적응하여 살아가는 확실한 방법은 새로운 경험을 즐기는 것이다. 미래가 요구하는 사고의 유연성과 창조성은 경험의 양에 비례한다. 특히 실패 경험은 역량을 강화하는 데 가장 소중한 자원이 될 수 있다. 경험이야말로 최고의 학습이다.

셋째, 새로운 사람을 만나라.

가까운 사람과의 만남은 정서적 안정감을 주지만, 그 이상의 도움을 받기가 쉽지 않다. 새로운 사람들을 만나야 한다. 그들은 내가 갖지 못한 지식과 기술, 경험을 가진 미지의 별 같은 존재들이다. 특별한 목적을 갖고 만나지 않아도 좋다. 그냥 만남을 소중하게 생각하고 대화를 나누다 보면 그 속에서 많은 것들을 배울 수 있다. 인터넷이나 책에서 얻을 수 있는 비인격적 정보(impersonal information)도 좋지만, 사람을 통해 배우는 인격적 정보(personal information)야말로 따끈따끈하고 살아 있는 정보일 가능성이 높다. 고수와의 만남은 특히 그렇다. 각 분야의 고수를 만나 나누는 대화는 그 자체로 세상에서 가장 효과적인 학습이 된다. 새로운 사람은 기회의 보고다.

넷째, 빠르게 실행하라.

'생각할 시간을 많이 가져라', '생각이 먼저다'라는 말을 많이 들어보았을 것이다. 하지만 생각은 기대하는 만큼의 무언가를 가져다주지 못할 수 있다. 내가 생각하는 무언가를 이미 경쟁자가 실행에 옮겨 기회를 선점할 수도 있고, 생각을 많이 하다 보면 지혜가 떠오르는 것이 아니라 실패의 기억들이 되살아나 오히려 행동을 제약하기도 한다. 현대인의 삶과 경영에서 실행과 스피드가 강조되는 이유다.

무엇보다 새로운 행동이 중요하다. 사람들은 새로운 행동을 하는 사람을 '또라이'로 취급하기도 한다. 좁은 시각의 틀에서 보기 때문이다. 하지만 모든 위대한 혁신가들은 또라이 취급을 받았다는 사실을 기억할 필요가 있다. 스티브 잡스가 한 대학 졸업식에서 "Stay hungry, stay foolish"라고 말한 것도 같은 의미로 볼 수 있다. 나는 이 말을 '현재에 안주하지 말고 더 나음을 추구하고 타인으로부터 또라이(foolish)라는 소리를 듣는 것을 두려워하지 말라'는 뜻으로 해석하고 싶다.

새로운 행동이 창조를 일으킨다. 실행이 먼저다. 생각이 미덕이 아니라 행동이 미덕이다. 행동으로 옮겨지지 않는다면 아무리 좋은 생각이라도 쓰레기와 다를 것이 없다.

아웃사이트의 챔피언

마윈 알리바바그룹 회장은 영어를 잘했지만 수학을 못해 대학 입시에서 번번이 낙방했다. 삼수 만에 들어간 대학이 삼류 정도에 해당하는 항저우 사범대학 영어과였다. 원래는 불합격이었는데 인원 미달로 간신히 입학할 수 있었다. 그는 이후에도 하버드대학 입학 거절 10번, 졸업 후 입사 지원에서 30여 회의 낙방 등 실패로 점철된 청년기를 보냈다. 그런 그를 세계적 기업가로 성공시킨 원동력은 남다른 그의 열망 외에 또 다른 것이 있었다.

마윈 회장은 15살 때 항저우에서 외국인들이 가장 많은 곳인 서호(西湖)에 매일 새벽 출근하다시피 하며 만나는 외국인들에게 말을 걸어 영어를 익혔다. 그때 외국인들로부터 세상에는 그가 모르는 다양한 세계가 있다는 것을 알게 되었고, 부모님이나 선생님에게 배운 것들 가운데 잘못된 내용이 많다는 것을 깨달았다. 새로운 통찰, 아웃사이트를 갖게 된 것이다. 마윈은 계속해서 새로운 경험에 투자하고 새로운 사람을 만나 대화를 나누며 새로운 세상에 대한 지식을 받아들였고, 실패에도 불구하고 포기하지 않고 끈기 있게 원하는 일들을 실행해나갔다. 그는 교실에 앉아 교과서를 읽고 생각만 하는 전통적인 의미의 모범생이 아니라 밖으로 나가 자신이 원하는 답을 구하고, 실패하더라도 또다시 도전하고 행동하는 아웃사이트의 챔피언이었다.

그렇다면 기업 차원에서 아웃사이트를 강화하고 경영에 활용하려면 어떻게 해야 할까?

성공은 남이 시켜주는 것이다

"대규모 R&D센터부터 없애라."

나비 라드주 영국 케임브리지대 저지경영대학원 교수의 말이다. 그런데 도대체 무슨 말일까? 끊임없는 연구개발을 통한 기술 혁신만이 살길이라고 알고 있는 우리에게 R&D센터를 없애라니. 그의 말은 연구개발 중심의 닫힌 혁신(closed innovation)에서 연결개발(C&D, Connect & Develop) 중심의 열린 혁신(open innovation)을 추구하라는 뜻이다.

열린 혁신은 모든 것을 스스로 연구하는 것이 아니라 회사 밖의 사람들이 개발한 기술에 주목하여 내부 R&D 못지않게 외부 R&D를 적극 활용하는 것이다. 또한 자신의 지적재산권을 지키려고만 할 것이 아니라 공개를 통해 이익을 얻거나 도움을 주고, 타인의 지적

재산권을 구입하여 활용함으로써 비즈니스 경로를 다각화하는 것이다. 이것이 훨씬 더 효과적인 혁신의 새로운 패러다임이다.

혁신의 한계를 돌파하는 열린 혁신

열린 혁신이 등장한 이유는 자명하다. 정보와 지식의 원천이 다양해졌기 때문이다. 과거에는 기업의 중앙연구소가 원천이었다면, 이제는 대학과 벤처기업 등 지식 창출의 원천이 다양해졌다. 게다가 인력의 이동이 보편화되었다. 남다른 기술이 있으면 벤처캐피탈의 도움을 받아 창업을 하거나 다른 기업으로 자리를 옮기는 일이 수월해지면서 한 기업이 지식을 독점하는 것이 불가능해졌다. 열린 혁신의 필요성이 커진 또 다른 이유는 미스매치다. 연구개발비의 증가 속도에 비해 제품 주기가 짧아지고 매출이 따라주지 못하는 미스매치가 발생하여 연구개발의 효율성이 악화되었다. 이는 혁신 ⋯⋗ 수익 창출 ⋯⋗ 기술개발 투자 ⋯⋗ 혁신으로 이어지는 선순환의 고리를 만들어내는 전통적 혁신 전략이 더 이상 유효하지 않다는 의미다. 이러한 현실에 직면한 기업들이 혁신의 원천을 찾기 위해 내부에서 외부로 시선을 돌리게 된 것이다.

"P&G에는 제품 개발을 가능하게 하는 산업 지식을 가진 8,600명 이상의 과학자가 있지만, 외부에는 150만 명의 과학자가 있다. 그런데 왜 모든 것을 내부에서 개발하려 하는가?"

《오픈 이노베이션》의 저자 헨리 체스브로가 P&G의 혁신 책임자인 래리 휴스턴과 통화하면서 한 말인데, 열린 혁신이 필요한 이유를 가장 적절하게 설파한 표현이다.

1668년 설립되어 350여 년을 이어온 불멸의 기업으로 67개국에 진출, 4만여 명을 고용하고 있는 세계 최고의 제약회사인 머크의 2000년 연례보고서에도 비슷한 말이 나온다.

"머크는 세계 생물의학 연구의 대략 1%를 관장한다. 나머지 99%를 활용하려면 우리는 가장 좋은 기술과 잠재적 제품을 머크로 가져오기 위해 적극적으로 대학, 연구기관, 그리고 전 세계의 회사들과 접촉해야 한다. 생물공학과 인간게놈의 해독으로부터 터져나온 지식의 폭포는 어떤 한 회사가 단독으로 다루기에는 너무 복잡하다. 여기에서 프로젝트를 실행하는 모든 선임 과학자는 스스로 그 분야의 책임자라고 생각해야 한다. 우리 연구실에서 일하는 30명뿐만 아니라 그 분야에 몸담은 전 세계 3,000명을 포함해서 말이다."

내부 혁신으로 감당할 수 있는 것은 지극히 일부분일 뿐이다. 내부 혁신 못지않게 열린 혁신이 점점 더 중요해지고 있다.

대중의 지혜로 경영하라

2018년 3월 세종문화회관 대극장에서 공연을 앞두고 있는 뮤지컬 '명성황후'가 최근 네이버 그라폴리오(Grafolio)와 함께 포스터 디자인 챌린지를 개최했다. '명성황후'는 조선의 국모였던 명성황후의 비극적 최후를 그린 작품으로 1995년 초연 이래 국내는 물론, 세계적 대도시들에서 호평을 이어가고 있는 대한민국의 대표적인 뮤지컬이다. 총 상금 3,000만 원을 내건 이 디자인 공모는 작품에 관심이 있거나 디자인에 재능 있는 사람이라면 전 세계 누구나 참가할 수 있도록 했다.

이처럼 일반 대중에게 아이디어를 구하여 제품이나 서비스를 개발하는 크라우드소싱(crowd sourcing)이 경영의 한 트렌드로 자리 잡고 있다. 내부 인력에 의존(insoucing)했을 때의 전문성과 창의성 부족, 아웃소싱(outsourcing)했을 때의 고비용이라는 단점을 보완하는 방법으로 관심이 증대되고 있다. 크라우드 소싱은 경영 활동의 전 과정에 소비자나 대중이 참여할 수 있게 개방하고, 참여자의 기여로 경영에 도움이 되었을 때 기여도에 따라 참여자와 수익을 공유하는 방법으로, 열린 혁신의 일환이다.

크라우드소싱의 대표 기업 중 하나는 미국 뉴욕에 본사를 둔 쿼키(Quirky) 사다. 아이디어 제품을 기획하고 제작해서 판매하는 회사로, 누구든 제품 개발에 대한 아이디어만 있으면 10달러를 내고 등록할 수 있고, 제출된 아이디어는 이용자들의 투표와 아이디어 평가 행사를 통해 상품성을 측정받는다. 이용자들이 기획 과정에 참여하여 처음에 제출된 아이디어를 보완하기도 한다. 이렇게 해서 만들어진 제품들이 독특한 아이디어와 디자인, 우수한 품질로 소비자들의 사랑을 받고 있다. 회사 밖에 있는 사람들과 거대한 협업 체계를 형성하여 더 큰 혁신을 이루어가는 경영의 흐름을 잘 보여주는 사례라고 할 수 있다.

이러한 흐름에 맞춰 크라우드소싱을 전문으로 수행해주는 기업들도 출현하고 있다. R&D 크라우드소싱업체 이노센티브(www.innocentive.com)는 기업들의 각종 연구개발 과제와 전 세계의 과학자들을 연결해주는 인터넷 비즈니스 회사다. 기업이 이노센티브와 계약을 맺고 과제를 제시하면 해결자로 등록된 과학기술자가 솔루션을 제공한다. 기업은 세계 각지에서 제공된 솔루션들을 검토하여 최고의 솔루션을 선별하고 제공자에게 상금을 지불한다. 이노센티브는 연결을 통해 수익을 창출하고, 기업은 난제를 해결하고, 과학자는 그에 상응하는 보상을 받는 승-승-승 시스템이다.

이노센티브를 통해 난제를 해결한 유명한 사례가 있다. 1989년 알래스카 인근에서 대형 유조선 발데스호의 기름 유출 사건이 발생했다. 암초에 부딪혀 좌초된 유조선에서 나온 24만 배럴의 기름이 1600km에 이르는 해안을 덮치고, 바닷새 25만 마리, 해달 2,800마리, 물개 300마리, 대머리독수리 250마리, 연어 수백만 마리가 떼죽음을 당한 사상 최대의 해양오염 사고였다. 세계 유수의 과학자들이 기름을 제거하려고 20여 년간 애를 썼지만 혹한의 날씨에 기름이 물과 함께 얼어붙는 통에 문제를 해결하지 못했다. 이때 세계기름유출연구소(OSRI)가 2만 달러의 상금을 걸고 일반인들에게 문제의 해결책을 요구했다. 주부, 학생, 과학자 등 전 세계에서 수천 명이 아이디어를 올렸고, 그중 한 시멘트회사에서 엔지니어로 일하던 존 데이비스가 시멘트가 굳지 않도록 계속 저어주는 것에 착안하여 진동기계로 오일에 자극을 주자는 아이디어를 냈다. 결국 이것이 주효하여 물과 기름의 분리에 성공함으로써 유출된 기름을 모두 걷어낼 수 있었다.

이노센티브에서는 2001년부터 2013년까지 모두 1,650건의 문제가 제기되어 그중 85%가 원하는 솔루션을 얻었다고 한다. 이노센티브의 회원으로 가입한 과학기술자들이 200여 개국 30만 명이 넘는다고 하니 가히 세계 최고 수준의 집단지성 활용소라 해도 과언이 아니다.

'유답'에서 '외답'으로

앞으로 혁신의 원천을 다른 기업이나 일반 대중에게서 찾는 흐름은 더욱 가속화할 것이다. 지식과 기술의 효용성이 점점 더 짧아지는 시대에는 과거의 성공 경험이 아무런 의미가 없다. 변화하는 환경에 부응하지 못하면 하루아침에 도태되기 십상이다. 많이 배웠다고 자랑할 게 아니라 더 많이 배우려는 자세가 필요하다. 안에서만 찾으려 하지 말고 밖에서도 찾으려는 노력을 기울여야 한다. 지금까지는 유답(You답)식 사고 즉, '네 안에 답이 있다'는 생각으로 살아올 수 있었지만, 더 이상은 아니다. 유답식으로는 해결할 수 없는 문제가 쌓여가고 있다. 그러한 문제들을 해결하기 위해서는 밖에 있는 답, 즉 외답(外答)을 구해야 한다. 회사 밖의 사람들에게만 관심을 가지라는 뜻이 아니다. 외답은 바로 내 옆의 부하나 동료, 타 부서의 직원이 가지고 있을 수도 있다. 내가 아닌 다른 사람, 다른 조직, 다른 세상에 요청하여 답을 얻는 것이 중요하다.

성공은 내가 하는 것이 아니라 남이 시켜주는 것이다.

새로운 경험이 미래 가치를 만든다

우리는 10년 후 어떤 일들을 하고 있을까? 그것은 아무도 모른다. 확실한 점은 4차 산업혁명의 진전과 더불어 현재의 직업 중 상당수가 사라진다는 것과 상상치 못했던 일들이 일어난다는 것이다. 그런데 새로운 일을 맡길 때 "안 해보았는데요", "제가 그걸 어떻게 해요"라는 말을 달고 다니는 사람은 무능한 사람으로 취급받을 것이다. 누구나 예외 없이 새로운 환경에 직면하게 되고 새로운 일을 요구받게 될 것이기 때문이다. 이와 같은 미래의 환경에 적응하는 최고의 방법은 새로운 경험을 즐기는 습관을 들여 적응력을 높이는 것이다.

쓸모없는 경험은 없다

사람들은 나를 보고 아이디어가 많은 사람이라고 한다. 아이디어를 만들어내는 방법을 특별하게 교육받은 적도 없는데 어디를 가든 그런 평가를 받게 되는 이유는 무엇일까? 그것은 아마도 새로운 경험을 두려워하지 않고 이것저것 많이 시도해보기 때문일 것이다.

나는 대기업에서 교육 담당자로 직장생활을 시작했는데, 그때는 뭐든지 배우면 다 된다는 생각을 했다. 기타를 치며 교육생들과 싱어롱(singalong)을 했고 직접 레크레이션을 배워 교육시간에 적용하기도 했다. 자신감이 생겨 교회와 각종 단체에서 MC를 보는 일도 많아졌다. 한 대학의 응원단으로부터 응원을 배워 사내 체육대회와 회사 대항 운동경기에서 응원단장을 맡기도 했다. 합창단 창단 멤버로도 활동했다. 그런가 하면 신입사원 시절 외부 강사들이 강의하는 모습을 보고 나도 해보고 싶다는 생각에 전문 강사가 되겠다는 꿈을 꾸고 입사 6개월차에 후배 사원들을 대상으로 한 강의에 도전, 강사로서의 끼를 인정받기도 했다. 그렇게 시작한 강의가 20년 이상 지속되어 오늘에 이르고 있다.

30대 중반의 어느 날, 에세이를 써보자는 생각에 노트를 사서 글쓰기를 시작하고 동기부여를 받아 책 출간을 시도하여 사내 최초의 저자라는 타이틀을 얻기도 했다.

나의 시도는 여기서 그치지 않았다. '마케팅은 상상력(Marketing is imagination)'이라는 말을 실천해보자는 호기심에 내 책을 다이렉트 마케팅으로 팔아보자는 생각으로 아파트에 서점을 개업했다. PC통신을 통해 타깃 마케팅을 실시하면 승산이 있겠다고 판단한 것인데, 사업자등록을 하면서 꽤나 애를 먹었다. 당시만 해도 재택 인터넷쇼핑몰이라는 개념이 없었던 시절이라 세무서 직원이 사업모델을 이해하지 못해 예상치 못한 설전을 벌여야 했다. 결국 1만 권 이상을 판매하는 기대 이상의 성과를 낼 수 있었다. 택배가 발달하지 않았던 시절에 전화로 주문을 받고 우체국에 가서 책을 보내느라 아내의 고생이 이만저만 아니었지만 말이다.

2013년부터는 성악을 배워 아내와 함께 시민합창단에서 활동해오고 있다. 2014 아시안게임 개막식 공연에 출연했고, 지금까지 매년 정기 공연을 갖고 있다. 내 삶은 더 윤택하고 행복해졌다.

그런가 하면 우연히 강신장 모네상스 대표와 황인원 시인이 쓴 《감성의 끝에 서라》를 읽고 나서 시를 써보고 싶은 마음이 들어 공원에 핀 들양귀비를 보고 한 편의 시를 써서 SNS에 올렸다가 호평을 해준 사람들 덕분에 용기를 얻어 틈틈이 시를 쓰고 있다. 머지않아 시집을 내고, 그보다 더 큰 목표에 도전해보려고 한다.

시를 쓰고 노래하면서 예술이야말로 창조의 원천이라는 사실을 깨닫는다. 자연 만물이 나에게 전해주는 메시지에 관심을 기울이게 된다. 구름과 달과 별, 바람과 비, 눈, 산과 바다… 존재하는 모든 것이 스승이고 감동의 원천이다.

주변에서 보고 느끼는 것들이 글의 소재가 되고 강의 내용이 된다. 다양한 경험을 할수록 자신감이 생기고 표현력이 풍부해진다. 나의 강의를 재미있고 감동적이라고 말해주는 분이 많은데, 지난 시절의 다양한 경험이 없었다면 이런 평가를 들을 수 없었을 것이다. 또한 이렇게 다양한 경험을 즐겨 하다 보니 어떤 새로운 일도 두렵지 않다. 젊은 시절부터 '배우면 되지'라는 마음으로 이것저것 해본 경험 때문일 것이다. 쓸모없는 경험은 하나도 없다.

최고의 학습 방식

최근에 일부 대학에서 암기 위주의 방식을 버리고 경험 중심의 수업으로 전환하는 사례가 속속 늘어나고 있다는 소식이 들려오는데, 바람직한 일이다.

대표적인 예로 박남규 서울대 경영학과 교수가 필기, 교과서, 시험이 없는 3무(無) 수업을 도입했다고 해서 화제가 되었는데, 조별 과제와 토론 발표로 진행하면서 당장 벤처를 창업해도 될 정도의 아이디어 창출을 목표로 하고 있다고 한다. 박 교수는 "실제로 학생들 스스로 생각하고 상호작용을 하다 보니 10주차부터는 사고력이 올라가는 것이 눈에 보인다"고 말한다.

일부 대학에서는 도전 과제를 설정하여 학기 중에 이를 달성할 경우 학점을 인정해주거나 재학 중 벤처 창업에 도전할 수 있게 하는 등 경험 중심의 교육이 확산되고 있는데, 4차 산업혁명 시대에 요구되는 융·복합 인재를 육성하려는 창의적인 시도라는 점에서 박수를 보낸다.

교과서로 배운 지식들은 교문을 나서는 순간 잊어버리는 경우가 많지만, 몸으로 부딪치고 고뇌하면서 경험한 것들은 절대로 잊히지 않는다. 설사 결과가 실패로 끝난다고 해도 그것은 일시적인 실패일 뿐이다. 모든 경험은 고스란히 창조의 원천으로 축적된다. 경험이야말로 최고의 학습이다.

안전하면 위험하다?

모든 유기체와 조직은 위험보다 안전을 추구하는 속성을 가지고 있다. 새로운 것을 시도하면 실패의 위험이 따르지만, 기존에 해오던 성공 방식대로 하면 효율도 오르고 안전하기 때문이다. 하지만 안전함을 추구하는 것이 가장 위험한 일이 될 수 있다. 바로 '성공의 덫(success trap)' 때문이다.

기존의 핵심 역량과 강점을 반복 사용하다 보면 위험은 적고 성과는 점점 더 커진다. 그러면서 기존의 방식이야말로 가장 확실한 성공 비결이라는 확신이 굳어지고 여기에 더욱 집중하게 된다. 하지만 그 과정에서 환경 변화에 대한 대안을 마련하는 데 소홀해질 가능성이 큰데, 이러한 상태에서 역량 파괴적 변화에 직면하면 순식간에 심각한 위기에 처할 수 있다. 과거의 성공이 가져다주는 편안함을 즐기다가 패망에 이르는 성공의 덫에 걸려들게 된다.

대표적인 예로 노키아를 들 수 있다. 노키아는 스마트폰의 등장으로 생산 효율성의 전략적 중요성이 떨어졌는데도 불구하고 과거의 성공 공식에 집착하여 더 싸고 좋은 품질의 기기를 만드는 데 집착하다 몰락의 길을 걸었다. 최근에 한 중소기업에 강의하러 갔다가 노키아 출신의 부장을 만났다. 그는 노키아에 근무할 때 몰락은 꿈에도 생각지 못했는데, 지금 생각해보니 자신이 한 일이라곤 더 효율적인 제품을 만들기 위한 관리뿐이었고, 그러다가 망한 것 같다고 털어놓았다.

모든 혁신의 과정에는 실패의 위험이 도사리고 있다. 그래서 혁신해야 한다는 총론에는 찬성하면서도 실행에 옮기지 못하는 경우가 비일비재하다. 실패를 피하고 싶기 때문이다. 진정으로 창조와 혁신이 조직의 문화로 정착하기를 원한다면 조직이 구성원의 실패에 대해 전향적인 자세를 취해야 한다. 한 번 실패했다고 부정적인 낙인을 찍어버리거나 무능한 사람으로 취급한다면 누가 감히 혁신에 나서겠는가. 매번 공무원들의 복지부동을 지적하지만, 탓할 일만도 아니다. 소신을 가지고 추진했던 일이 실패했을 때 비난과 처벌의 대상으로 전락하는 모습을 보면서 얻게 된 가장 확실한 지혜(?)가 '중간만 가자', '모난 돌이 정 맞는다'가 아니던가. 그런 환경이라면 그 누가 혁신에 나서겠는가.

실패가 위험한 것이 아니라 안전함만 추구하는 것이 위험한 것이다. 개인과 기업, 국가 모두 그렇다. 거기에는 미래가 없다. 그런 면에서 우리가 가장 우려해야 할 일은 경기 침체가 지속되고 있는 현실보다 안전함만 추구하는 경향이 커지는 사회 분위기일지 모른다.

"전진하려면 쉬운 것이 고생보다 더 위험하다."

미국의 유명 영화배우이자 감독인 덴젤 워싱턴의 말이다.

투자의 귀재는 왜 한국을 외면하게 되었을까?

자신의 전 재산을 통일 한국에 투자하겠다고 했던 월가의 투자 귀재 짐 로저스가 최근 한 언론(조선일보, 2016. 10. 26)과의 인터뷰에서 생각이 바뀌었다고 말해 화제가 된 적이 있다.

"한국에 오랫동안 투자했고 기회를 살펴왔는데, 이제 한국에 대해 가졌던 긍정적 생각이 부정적으로 바뀌고 있습니다. 이렇게 심각한 줄 몰랐어요. 일본의 20~30년 전 상황과 비슷합니다. 이후 한국 주식에 신규 투자하지 않고 있습니다."

그가 투자하지 않는 이유는 한국이 활력을 잃어가기 때문이다. 과거에는 한국의 젊은이들이 과감하게 세상 속으로 뛰어들었는데, 안전한 직업을 찾으려는 젊은이들의 공무원 시험 열풍을 지켜보면서 한국에 대한 생각이 바뀌었기 때문이다. 그는 타인들로부터 '미쳤다' 정도가 아니라 '정말로 대단히 미쳤다'는 소리를 듣기를 좋아한다고 한다. 그런 소리를 들을수록 최고의 기회를 만들어낼 수 있다는 것이다.

모든 새로운 경험은 불편함을 수반한다. 하지만 그 불편함이 없이는 성장과 성숙을 기대할 수 없다. 실패하더라도 박수쳐주고, 실패를 통해 교훈을 발견하려는 노력이 축적될 때 진정한 창조와 혁신에 이를 수 있다.

인재육성을 위한 신의 한 수

모든 경영자는 구성원들이 창의적으로 일하기를 원한다. 그러면서도 그것을 위한 환경이나 기회를 제공하는 데는 소홀하다. 그 결과, 전혀 창의적일 수 없는 직장생활을 하는 이들이 너무 많다. 오로지 일만 할 뿐 창의의 원천이 될 경험의 폭은 극히 제한적이다. 물론 일도 경험의 한 부분이다. 하지만 매일 반복적으로 하는 일에서 창의의 원천을 발견하기란 쉽지 않다. 강의 중에 취미생활을 얼마나 하는지, 새롭게 배우는 것이 있는지 등을 물으면 자신의 취미가 무엇인지조차 모르는 직장인이 너무 많다.

창의력은 경험의 크기를 능가할 수 없다. 여기서 경험이란 직접경험과 간접경험 모두를 가리킨다. 다양한 분야의 책을 읽고 세미나에 참여하고, 새로운 취미 활동을 하는 것 모두가 창의력을 키우는 좋은 방법이다. 기업에서도 직원들을 정해진 일만 하는 수준에 머물게 할 것이 아니라 업무의 낭비를 줄여 여유 시간을 확보해주고 일 외에 삶에 활력을 주는 경험의 기회를 가질 수 있게 배려하는 노력이 필요하다.

알리바바그룹의 마윈 회장도 지혜의 원천이 되는 경험의 중요성을 이렇게 강조했다.

"매일 돈 버는 것만 알고, 경영하는 것 자체가 최고의 낙(樂)이자 유일한 낙인 기업인은 오래가지 못할 것이다."

"일에만 매달리면 지식만 얻을 뿐이고, 생활이 있어야 지혜가 생긴다."

그는 비즈니스를 수행하는 와중에도 태극권을 비롯하여 잡다한 것을 하면서 영감을 얻는다고 한다.

대한민국 기업들이 행한 최고의 인재육성 전략을 꼽으라고 한다면 삼성그룹의 지역전문가제도를 들 수 있다. 선발된 직원들을 전 세계 여러 나라에 보내 아무런 조건 없이 1인당 1억 원 이상의 체재비를 지원해주면서 언어도 배우고 현지 문화도 익히며 현지인들을 사귈 수 있도록 한 파격적인 제도다. 삼성그룹은 1995년부터 시작한 이 제도를 통해 80여 개국에서 약 5,000여 명의 국제화 인력을 양성했다고 하는데, 이 과정을 마친 직원들이 이제는 CEO로, 임원으로 국내는 물론 전 세계에서 맹활약하고 있다.

삼성의 지역전문가제도는 신의 한 수와도 같은 선택이었다. 세계적인 경영학술지 〈하버드비즈니스리뷰〉는 삼성의 지역전문가제도가 삼성이 글로벌 기업으로 빠르게 성공한 핵심 비결이라며 상세히 소개하기도 했다.

경험을 통해서 역량을 향상시키는 것만큼 좋은 인재육성 전략도 없다.

감동을 경험하면 창조물이 나온다

에릭 호퍼는 "인간은 사치를 사랑하는 동물이다. 인간에게서 놀이, 공상, 사치를 빼앗으면 그 인간은 겨우 근근이 살아갈 정도의 활력만 남아 있는 우둔하고 태만한 피조물이 된다. 사회 구성원이 너무 합리적이고 진지한 나머지 하찮은 보석 따위에는 눈길을 돌리지 않는다면 그 사회는 정체되고 만다"고 설파했다. 김대연 서울대병원 정신과 교수에 의하면, 인간의 뇌에는 2가지 회로가 있는데, 하나는 일하기 회로이고 또 하나는 놀이 회로다. 이 두 회로가 협력할 때 정신적으로 건강한 삶을 살 수 있고 소통이 일어날 수 있는데, 하나만 작동하면 문제가 발생한다. 놀이 회로는 잘 작동하는데 일하기 회로가 작동하지 않는다면 무익한 존재라는 평가를 받을 가능성이 높고, 일하기 회로는 열심히 작동하는데 놀이 회로가 제대로 작동하지 않으면 방전된 배터리처럼 번아웃(burnout, 탈진) 상태에 빠지기 쉽다. 에너지가 없는, 무기력한 삶을 살게 된다.

그렇다면 잘 논다는 것은 무엇일까? 전우택 연세대 의학교육과 교수는 '최고의 놀이는 감동을 주고 감동을 받을 줄 아는 것'이라고 말한다. 그러기 위해서는 사람, 자연, 문화와의 교감이 필요하다. 사람들을 만나 소통하고, 산과 바다와 들로 나가 자연과 교감을 나누고, 음악과 미술을 즐기고, 운동을 통해 건강을 유지할 필요가 있다. 그 속에서 감동이 일어나 건강하고 창조적인 삶이 가능해진다. '학교 다닐 때는 국·영·수가 중요하지만, 사회에서는 음·미·체가 중요하다'는 말이 있는데, 매우 의미 있는 말이다.

모든 창조물은 감동의 산물이다. 성경에도 "하나님이 천지를 창조하시고 보시기에 좋았더라"라고 적혀 있다. 하나님도 자신이 만든 세상을 보시고 스스로 감동하셨던 것이다. 나이 듦이 슬픈 것이 아니라 감동을 잃어버리는 것이 슬픈 것이다. 감동을 잃으면 모든 것을 잃는다. 삶도, 창조 역량도 잃어버린다. 하지만 감동은 거저 주어지지 않는다. 노력과 훈련이 필요하다. 감동을 받을 만한 활동을 자주 하고 새로운 경험을 더해야 한다. 감동은 경험에서 나온다.

빈자리는 신이 축복한 자리

방문객

사람이 온다는 건

실은 어마어마한 일이다

그는

그의 과거와

현재와

그리고

그의 미래와 함께 오기 때문이다

한 사람의 일생이 오기 때문이다

정현종 시인이 쓴 '방문객'이라는 시의 일부다. 사람을 만나고 사귄다는 것이 얼마나 중요한지를 새삼 느끼게 한다. 누군가를 새로이 안다는 것은 그 사람이 일생을 통해 터득한 경험과 지혜를 모두 배울 수 있는 기회를 얻는 것으로, 창조와 혁신의 역량을 높이는 요인으로 작용한다.

미국의 경제학자이자 미래학자인 제러미 리프킨은 《소유의 종말》에서 "가진 자와 못 가진 자의 격차보다 연결된 자와 연결되지 못한 자의 격차가 훨씬 중요한 문제가 될 것"이라고 썼다. 21세기 네트워크 경제가 도래함에 따라 인터넷에 연결된 사람과 그렇지 않은 사람 간의 격차가 크게 벌어질 것임을 예측한 말이다. 그의 말은 창조와 혁신의 원리에도 그대로 적용된다. 폭발적으로 증가하는 지식과 기술을 갖고 있는 사람과 연결되는 사람과 그렇지 않은 사람 간의 차이가 시간이 갈수록 더욱더 커질 것이다.

기회는 낯선 사람에게 있다

만나는 사람들을 지속 기간(duration)과 빈도(frequency)에 따라 분류했을 때 창조와 혁신에 가장 큰 도움을 주는 사람들은 누구일까? 오래 알고 지내며 자주 만나 대화하는 사람들일까? 아니다. 우리에게 창조와 혁신의 실마리를 제공하거나 필요한 조언을 해주는 사람은 가족이나 친구, 동료가 아니라 자주 만나지 않거나 최근에 만난 사람 또는 아직 만나지 않은 사람들이다.

새로운 사람들은 내가 경험하지 못한 세계를 경험하고, 내가 알지 못하는 정보와 지식을 가지고 있다. 그들은 마치 사막 어딘가에 숨겨진 보석함과도 같다. 그것을 발견하여 그 안에 들어 있는 보석을 확인하는 순간, 삶에 변화가 일어나고 전혀 다른 영감을 얻게 된다. 새로운 관계에 새로운 기회가 있는 것이다. 더 빨라지는 변화 속도와 폭발적인 지식 증가의 시대에 적응하면서 창조와 혁신을 이루어나가기 위해서는 평생토록 새로운 관계를 찾아 연결을 만들어가야 한다.

이와 관련한 유명한 연구가 있다. 미국의 경제사회학자 마크 그라노베터는 1972년 〈약한 연결의 힘(The Strength of Weak Ties)〉이라는 제목의 논문을 통해 '느슨한 연결이 더 중요한 정보의 흐름을 가져온다'는 사실을 밝혀냈다. 그는 미국 보스턴 근교의 근로자들이 어떤 경로를 통해 직장을 구하는가를 알아내기 위해 인터뷰를 진행했다. 결과는 예상대로 개인적 인연을 통해 직장을 구한 경우가 56%로 제일 많았다. 그런데 특이한 점은 개인적 인연으로 직장을 구한 사람들 중 자주 만나는 친밀한 관계에서 도움을 받은 경우가 16.7%에 불과하다는 것이었다. 그에 비해 1년에 두 번 이상으로 간혹 만나는 경우는 55.6%, 1년에 한 번 만날까 말까 한 경우는 27.8%였다. 무려 83.4%가 '약한 연결'을 통해 도움을 받은 것이다.

어찌 된 일일까? 약한 연결이 강한 연결보다 더 큰 도움을 준다는 사실은 선뜻 이해하기 어렵다. 그라노베터는 이렇게 설명한다. 친한 사람들은 서로 비슷한 성향을 보이고, 크게 다르지 않은 영역에서 움직이며, 동일한 정보를 주고받는다. 그에 비해 자주 보지 않는 사람들은 서로 다른 영역에서 생활하며 새로운 정보를 가져다준다. 그들 한 사람 한 사람이 다양한 정보의 원천이 되어준다. 여기서 필요한 기회나 행운을 만날 가능성이 높다는 것이다. 이것이 바로 약한 연결의 힘이다.

세상에는 내가 알지 못하는 수만 가지 지식과 기술을 가진 사람으로 넘쳐난다. 어떤 형태로건 그들과 연결될 수 있다면 내가 그토록 찾던 무언가를 만날 수 있을 것이고, 이제껏 보지 못했던 신세계를 경험하게 될 것이다.

가까운 사람들은 도움이 안 된다?

우리는 새로운 일을 시작하려 하거나 어떤 변화를 앞두고 있을 때 누군가에게 조언을 구한다. 대부분은 가까이 있는 친한 사람들이다. 정서적으로 친하고 도와주려는 동기 수준이 높기 때문이다. 하지만 친한 사람들은 변화의 방해꾼이 될 가능성이 높다. 그들이 해주는 조언이 지극히 제한되어 있을 수 있기 때문이다. 사람의 말은 자신의 경험과 지식의 범주를 벗어나지 못한다. 마찬가지로 가까운 사람들은 나와 비슷한 사람들이어서 그들의 말에서 혁신적인 무언가가 나오기란 쉽지 않다. 창조와 혁신은 미래의 일인데, 이들과의 대화는 과거에 머물러 있을 가능성이 높다. 또한 친한 사람들은 서로의 행동에 제약을 가하는 경향이 있다. 남들이 안 하는 일을 하려고 하면 "너 미친 것 아니니?"라며 가로막기 일쑤다. 그들은 집안에 초상이 나거나 어려움에 처했을 때는 힘이 될지 모르지만, 다른 문제에서는 실질적인 도움이 되지 못하는 경우가 많고, 때로는 도리어 방해자의 역할을 한다.

세상에는 우리가 알지 못하는 정보와 기회가 널려 있다. 그런데 현재 우리의 인간관계는 어떠한가? 친한 사람이나 직장 동료 위주로 돌아가지 않는가? 함께 점심 먹는 것도 모자라 수시로 밤늦게까지 회식을 하며 우의를 다지고 있지 않은가? 정서적 친밀감이야 높아지겠지만 그 속에서 발전의 가능성은 찾기 어렵다고 봐도 무방하다. 차라리 그 시간에 책을 읽거나 자기계발을 위해 학원에 다니거나 다른 사람들을 만나는 것이 자기 발전에 도움이 된다. 조직의 리더들도 술자리로 구성원들을 관리하려는 구태의연한 사고방식을 버리고 각자의 보석함을 찾을 수 있는 환경을 조성하는 일에 적극 나서야 한다. 첨단을 걷는 시대에 걸맞은 리더십이란 그런 것이다.

세상은 넓고 세미나는 많다

창조와 혁신의 원천에 다가서는 가장 좋은 방법 중 하나는 세미나 참석이다. 새로운 지식과 기술이 하루가 다르게 쏟아져 나오면서 곳곳에서 세미나가 열리고 있다. 여기에 나오는 사람들을 보면 공통적으로 발전 지향적이다. 새로운 것에 대한 호기심과 지적 열망 그리고 변화를 추구하는 동기가 크다. 세상은 이러한 사람들이 이끌어 간다. 꼭 무언가를 배우겠다는 열망이 아니어도 그들과 대화를 나누면서 그들이 살아온 이야기나 생각을 듣다 보면 새로운 자극도 얻고 아이디어도 발굴할 수 있게 된다. 사내 교육을 받는 것도 좋지만, 그보다는 외부 세미나를 추천한다. 사내 교육은 새로운 정보를 나누는

데 한계가 있지만, 외부 세미나는 다양한 업종의 사람들을 만나 내가 몰랐던 정보나 기회를 얻을 수 있기 때문이다.

여기서 한 가지 강조하고 싶은 것이 있다. 내용 습득에만 치중할 것이 아니라 세미나에 참여한 사람들에게 관심을 가지라는 것이다. 내용은 기억에서 사라질 수 있지만 사람은 지워지지 않는다. 모든 일은 사람을 통해 이루어지는 법이다.

빈자리는 신이 축복한 자리

세미나에서 앉는 자리를 보면 그 사람이 얼마만큼 변화와 혁신의 의지를 가지고 있는지 확인할 수 있다. 대체로 앞자리에 앉는 사람은 하나라도 더 배우려는 의지가 강한 사람이다. 더 잘 보고 듣고 묻고 답할 수 있는 자리임을 아는 것이다. 한편 어디에 앉거나 혼자 앉기를 좋아하는 사람들이 있는데, 보기에 안타깝다. 사람을 사귈 수 있는 가능성을 포기하는 것이나 다름없기 때문이다. 가방이나 다른 물건으로 자기 옆의 자리를 채우는 행위는 다른 사람이 나에게 오는 길을 원천 봉쇄하여 스스로 새로운 기회를 거부하는 것과 같다.

서양 격언에 '빈자리는 신이 축복한 자리'라는 말이 있다. 자리를 비워두면 그 자리에 앉을 사람이 누구인지는 알 수 없지만, 그는 내가 지금 고민하고 있는 문제의 열쇠를 가진 사람일 수도 있고, 새로운 기회의 문을 열어줄 사람일 수도 있다. 나는 지방에 강의하러 갈 때 주로 KTX를 이용하는 편인데, 늘 옆 사람에게 인사를 건넨다. 그렇게 해서 나누게 된 이야기들 중에서 소중한 정보가 되고 알찬 지혜가 되는 내용이 적지 않았다. 개중에는 강의 요청으로 이어지는 경우도 있었다. 이만하면 인사 한 번 나누는 것의 가치가 엄청나지 않은가?

빅데이터 만능을 경계하라

요즘 빅데이터에 대한 관심이 폭발적이다. 인공지능과 사물인터넷 등과 함께 4차 산업혁명 시대를 대표하는 핵심 키워드로 뜨거운 화두로 자리 잡았다. 빅데이터를 잘 다루거나 활용하면 새로운 기회들을 얼마든지 발굴할 수 있고 그에 따라 부의 격차가 벌어질 것이라며 너도나도 관련 산업에 뛰어들고 있다. IT(Information Technology)를 넘어 DT(Data Technology)가 지배하는 세상이 도래한 느낌이다.

하지만 세계적인 브랜드 전문가 마틴 린드스트롬은 빅데이터보다 스몰데이터(small data)가 더 중요하다고 말한다. 그가 말하는 스몰데이터란 빅데이터와 달리 고객들의 작은 행동 하나하나까지 파악하여 생성되는 데이터다. 사소해 보이는 행동들을 통해 혁신의 단서를 찾아내고 브랜드의 가치도 향상시킬 수 있다는 것이다.

그는 스몰데이터로 위기에서 탈출한 기업의 대표적인 예로 덴마크의 레고를 든다. 1990년대부터 소니의 플레이스테이션, 중국의 저가 장난감 등의 영향으로 경영 실적이 저조해지자 레고는 빅데이터로 실적 악화의 원인을 분석했다. 레고 블록이 더 커져야 한다는 결론이 나와서 블록의 크기를 키운 제품을 출시했지만 사상 최대의 적자를 내고 파산 위기에 몰렸다. 이때 영입된 CEO 조르겐 빅 크누드 스톱은 세계 각국의 가정과 소매상을 직접 방문하여 장난감에 대한 고객들의 생각을 철저히 조사하는 과정에서 독일의 11세 소년을 만나 레고만의 특성과 스토리텔링이 중요하다는 걸 깨닫고 본래의 모습으로 돌아가야 한다는 결론에 도달했다. 레고는 창립 당시의 '놀이 철학'으로 돌아가기로 방향을 정하고 '벽돌로 돌아가라(Back to the Brick)'는 처방을 내렸다. 그것이 효과를 거두어 레고는 위기를 극복하고 가장 혁신적인 기업의 하나로 주목받게 되었다.

빅데이터는 과거의 데이터에 기반하여 미래를 예측하는 것으로, 제대로 터득하여 활용할 필요가 있다. 하지만 시장과 기업의 미래를 완벽하게 예측해줄 수는 없다. 빅데이터 만능에 빠져 컴퓨터에 앉아 데이터를 분석하기만 하면 된다는 사고를 경계해야 한다.

현장의 고객들을 만나 그들의 말과 행동, 숨은 의도와 욕구를 면밀히 파악하려는 노력은 여전히 중요하다. 살아 움직이는 현장에서 직관력을 발휘하여 그 결과를 혁신에 응용할 줄 알아야 한다. 이런 노력과 직관력을 생략하고 사무실에 앉아 컴퓨터나 전문가가 분석해주는 빅데이터 결과를 들여다보고, 그것이 그려주는 그림을 실제인 양 착각해서는 곤란하다.

기업의 임원을 포함해서 모두가 빅데이터 전문가일 필요도 없다. 오히려 직급이 높아질수록 요구되는 능력은 따로 있다. 비전과 목표 설정 능력, 직관력과 상상력 등이다. 이러한 능력은 스몰데이터에 집중할 때 키워질 수 있고, 원하는 혁신적 결과도 만들어낼 수 있다.

빅데이터의 필요성을 간과해서는 안 되지만, 스몰데이터의 중요성을 항상 염두에 두어야 한다. 모든 일의 핵심은 사람이다. 사람 만나는 일을 즐겨야 한다.

요청하라, 목표를 달성하고 싶다면

열심히 고민하고 노력해도 목표를 달성하지 못하는 이유는 여러 가지가 있겠지만, 대개는 타인의 도움을 이끌어내는 데 실패했기 때문이다. 그렇다면 타인의 도움을 얻지 못하는 이유는 무엇일까? 요청하지 않았기 때문이다.

자존심이 문제 해결을 망친다

하버드대학에서 행복학 강의로 명성을 떨치고 있는 숀 아처 교수에 의하면, 하버드대에는 똑똑한 멍청이가 많다고 한다. 자신은 하버드대생이기 때문에 모든 것을 알아야 하고 스스로 해결해야 한다고 생각하여 좀처럼 도움을 요청하지 않는다는 것이다. 심지어 친구가 내미는 도움의 손길조차 거절한다고 한다. 이른바 '똑똑한' 사람들 중에 이런 부류가 많다. 그들은 누군가에게 도움을 요청하는 것을 자신이 약하다는 사실을 드러내는 행위로 생각하여 꺼리는 경향이 있다. 바로 자존심을 내세우는 것이다. 하지만 자존심은 문제 해결에 별 도움이 되지 않는다. 자존심이 강한 사람은 상처를 쉽게 받고 타인과 다툴 가능성이 높다. 도움을 요청하는 것은 내가 그만큼 겸손하다는 의미이고 상대방을 인정한다는 것이기에 더 많은 사람을 얻는 방법이기도 하다.

거절로 인한 상처가 두려워 요청하지 못하는 경우도 많다. 그런데 생각해보라. 살아오면서 누군가의 요청을 거절해본 적이 있지 않은가? 그것도 한두 번이 아닐 것이다. 나는 거절하면서 상대에게 거절받으면 안 된다는 생각은 이율배반적이지 않은가? 내가 그랬던 것처럼 사람은 누구든 요청을 받고 거절할 권리가 있다. 또한 거절을 당한다고 해서 모든 사람이 상처를 받는 것도 아니다. 중요한 것은 거절을 어떻게 받아들이느냐다. 마하트마 간디는 "당신 자신을 제외하고 아무도 상처를 줄 수 없다"는 유명한 말을 남겼는데, 이 말은 거절의 상황에서도 그대로 유효하다. 나의 요청을 상대가 거절할 수는 있지만 그가 내게 상처를 줄 수는 없다. 상처는 그 사람이 주는 것이 아니라 내가 받는 것이기 때문이다.

거절의 크기는 위대함의 크기에 비례한다. 내가 요청하는 일이 가치 있는 것일수록 거절의 강도 또한 커질 수 있다. 큰 거절을 이겨내야 큰일을 할 수 있다. '설마 나의 요청을 들어주겠어?'라는 생각은 패배자의 생각이다. 요청해서 손해 볼 것은 하나도 없다. '폐 끼치지 마라', '자기 일은 스스로 알아서 하라'는 말이 있지만, 그렇게 살면 성공에 꼭 필요한 도움을 얻을 수 없다. 배려심과 독립성이 중요하지만, 때로는 남들의 도움을 받아야 더 잘할 수 있고 원하는 바를 이룰 수 있다. 도움을 요청하라. 거절당하는 일이 의외로 적다는 사실을 알게 될 것이다.

세상은 요청하는 자에게만 답을 한다

위대한 경영자나 탁월한 업적을 이룬 인물들의 면면을 살펴보면 한 가지 공통점이 있다. 도움을 요청하는 데 주저하지 않았다는 것이다.

축구선수 차범근이 '차붐'이라는 별명으로 돌풍을 일으키기 전까지 독일에서 가장 유명한 한국인은 이종수 본대학교 의과대학 교수였다. 그는 1969년 유럽 최초로 간이식수술에 성공한 공로를 인정받아 동양인 최초로 종신교수가 되었다. 교수가 되는 과정은 험난했다. 동양인 의사에 대한 반감과 차별에다 조직적인 방해까지 있었다. '내 편'이 없었던 그는 의과대학 외과 과장이자 종신교수인 귀트게만 교수, 발터 셸 대통령, 헬무트 콜 총리 등에게 도움을 요청하여 조력자로 만들고 마침내 종신교수의 자리에 오를 수 있었다.

강의를 하다 보면 깊은 인상을 주는 분들이 있다. 강의를 잘 듣기 때문이기도 하지만, 강의가 끝난 후에 찾아와 하나라도 더 배우려는 분들이다. 실력이 모자라거나 모르는 게 많아서 그러는 게 아니다. 대부분 최고의 인재로 평가받는 분들이다. 끊임없이 노력하는 그들을 보면서 역시 최고는 그냥 되는 것이 아니구나 하는 생각을 갖게 된다.

스티브 잡스는 12살 때 세계 최고의 컴퓨터회사인 휴렛팩커드(HP) 사장에게 전화를 걸어 주파수 계수기를 만들려고 하는데 부품을 보내줄 수 없겠느냐며 도움을 요청했다. 참으로 맹랑하고 기특한 소년 아닌가. HP 사장은 선뜻 잡스에게 부품을 보내주며 방학 때 HP에서 일해보라는 제안을 했다. 잡스는 그때 각종 전자부품을 조립하고 분해하면서 최고의 경험을 했다고 한다. 어쩌면 애플은 잡스가 대학을 중퇴하고 창고에서 일을 시작했을 때가 아니라 HP 사장에게 전화를 건 12살 때부터 시작되었다고 해야 할지 모른다.

강릉을 세계적인 커피 도시로 만든 주인공 테라로사 김용덕 대표는 IMF 외환위기 당시 은행에서 명퇴한 후 레스토랑을 개업했을 때 맛있는 커피를 만들어보자는 생각에 커피를 연구하다 다른 나라에 비하여 커피산업이 낙후되었다는 사실에 충격을 넘어 분노를 느꼈다고 한다. 그리고 전 세계 100여 개국 이상을 다니며 커피 전문가들을 찾아가 도움을 요청하여 배우면서 자신만의 커피 맛을 창조해냈다. 그는 자신의 귀, 눈, 손을 믿지 말고 전문가를 만나 손이 발이 되도록 빌면서 도움을 요청하라고 조언한다.

첼리스트 장한나의 아버지는 세계적인 첼리스트 미샤 마이스키가 내한 공연 후 사인회를 하는 자리에서 9살 된 딸의 연주 장면 비디오테이프를 전해주며 봐달라고 요청했다. 마이스키는 장한나의 잠재력에 주목하여 스승이 되어주겠다는 편지를 보냈고, 그로부터 2년 후 장한나는 그의 제자가 되어 세계적인 연주자로 성장했다. 더 놀라운 것은 미샤 마이스키가 레슨비를 한 푼도 받지 않았다는 사실이다. 요청하지 않았더라면 불가능했을 일이다.

신년 초에 남들은 한 번도 다녀오기 어렵다는 KBS의 〈불후의 명곡〉 판정단과 JTBC의 〈팬텀싱어〉 국민판정단으로 우리 합창단원들과 함께 2주 연속 방청하는 행운을 누렸다. 음악을 사랑하는 사람들의 자발적 모임이라는 점과 단원 구성이 20대부터 70대까지여서 프로그램의 확산과 세대 통합에 기여할 것이라는 점을 강조하여 요청한 덕분이었다. 결과적으로 우리 합창단은 지금까지 방송사에 세 번이나 방문할 수 있었고, 방송사에 '빽'이 있는 거 아니냐는 소리도 여러 번 듣게 되었다.

요청하지 않아도 알아서 도와주는 사람은 없다. 세상은 요청하는 사람에게만 답을 한다. 내가 합창단과 함께 행운을 누릴 수 있었던 것도 《요청의 힘》의 저자로서 요청의 기술을 발휘했기 때문이다.

고수도 고수에게 배운다

아무리 해도 안 되는 일을 해결하는 방법이 뭔지 아는가? 그 분야의 고수를 만나 도움을 받는 것이다. 골프 연습을 매일같이 죽어라 하는데도 좀처럼 나아지지 않던 사람이 유능한 코치를 만나 단번에 향상되는 것처럼 말이다. 변화와 혁신도 마찬가지다. 나에게는 답이 없지만 세상 어딘가에 그 답을 알고 있는 고수가 있다. 그를 찾아 도움을 요청하고 받아낼 수 있다면 아주 효과적으로 문제를 해결할 수 있을 것이다. 고수들을 찾아 배우는 것이야말로 내가 유능해지는 첩경이다.

'인생도처유상수(人生到處有上手)'는 유홍준 명지대 석좌교수가 쓴 《나의 문화유산답사기》제6권의 부제로, 우리 삶에 가는 곳마다 고수가 있다는 뜻이다. 유 교수도 전국에 흩어져 있는 문화재를 답사하면서 이 분야의 고수들을 만나 듣고 배운 것들이 쌓여 오늘의 위치에 이르렀다.

우리나라에서 최장수 프로야구 감독은 김성근이다. 2017년 5월 한화이글스 감독에서 물러날 때까지 그가 지켜온 자리는 전무후무한 것이었다. 그가 75세의 고령에도 현역으로 뛸 수 있었던 비결은 다른 것이 아니다. 그는 쌍방울레이더스 감독 시절, 박영길 롯데자이언트 감독에게 한 수 지도를 부탁했다. "4번 타자가 머리가 자꾸 돌아가는데, 어떻게 해야죠?"라며 조언을 구한 것이다. 그때 박 감독은 속으로 '이 친구 오래가겠군' 하고 생각했다고 한다. 경쟁팀의 감독에게 무언가를 묻기란 쉬운 일이 아니다. 감독의 수치라고 생각할 수도 있다. 하지만 김 감독은 부끄러워하지 않았고, 박 감독의 예상대로 한국에서 가장 오래 감독의 자리를 지켰다.

동양학자 조용헌 씨는 2004년 9월부터 〈조선일보〉에 '조용헌 살롱'을 연재하기 시작하여 2015년 7월 1,000회를 넘어 현재까지도 연재하고 있다. 그가 이렇게 오랫동안 칼럼을 쓸 수 있는 비결은 끊임없이 움직이기 때문이다. 그는 자칭 '발품팔이 문필가'다. 한 해의 절반을 집 밖에서 보내며 전국의 명문가나 명소, 도처의 고수들을 만난다. 산을 보고, 물을 관찰하고, 고수들과 대화하며 자신이 공부한 내용을 확인하거나 깨달은 것들을 글로 옮긴다. 그 정도의 노력이면 이젠 집에서 편안히 글을 써도 될 법한데, 그의 발품은 끝나지 않을 것 같다. 고수의 배움은 멈춤이 없고 부끄러움도 없다.

우리가 추구하는 것은 잘하는 것이다. 잘하려면 고수의 도움이 중요하다. 고수에게 도움을 요청하라.

행동하면서 생각하라

과거에는 생각을 많이 하는 것이 미덕이었다. 사람들은 어려서부터 "신중하게 생각하고 나서 행동에 옮겨라"라는 말을 들으면서 자랐다. 생각하고 또 생각해서 모든 것이 뚜렷해질 때까지 기다릴 줄 알아야 한다고 배웠다. 그러나 생각은 많이 한다고 좋은 것만은 아니다. '장고 끝에 악수 둔다'는 말처럼 생각을 많이 할수록 일을 그르칠 가능성이 높을뿐더러 생각은 개인의 지식과 경험의 한계를 벗어나기 어렵기 때문이다. 게다가 요즘의 환경 변화는 생각의 속도를 초월한다. 기술이 획기적으로 발전하면서 제품의 생존 주기(life cycle)가 급격히 단축되다 보니 생각하는 시간이 길어지면 자칫 경쟁에서 뒤처지기 십상이다.

그런 면에서 완벽주의는 혁신의 적으로 기능할 수 있다. 스피드와 타이밍이 중요한 시기에는 완벽하지 않더라도 먼저 시장에 진입하여 초기 시장을 선점한 후 곧바로 또 다른 혁신적 제품을 선보여야 생존할 수 있다.

'그냥 질러버려(Just do it !)'의 힘

혁신은 상상력이 중요하다. 하지만 상상력만으로는 혁신적 결과를 만들어낼 수 없다. 상상한 것을 실행할 때 비로소 혁신이 이루어진다. 그런 의미에서 혁신가의 다른 이름은 실행가다. 무모할 정도로 행동력이 뛰어난 사람 말이다.

세계적인 음료 코카콜라는 누가 만들었을까? 현재의 코카콜라 회사에서 만든 것으로 알고 있는 사람이 많은데 그렇지 않다. 코카콜라의 기원은 다음과 같다.

1888년 애틀랜타에서 약국을 하던 존 펨버튼 박사는 여러 원료를 섞어 새로운 청량음료를 만들어냈다. 하지만 이를 사업화하여 돈을 번 사람은 다른 사람이었다. 펨버튼 박사가 2년 후 자신의 청량음료 제조법을 아사 캔들러라는 약제 도매상에게 단돈 2,300달러에 팔아버린 것이다. 캔들러는 이 청량음료에 '코카콜라'라는 상표를 붙여 팔기 시작하여 대성공을 거두었다. 코카콜라를 팔기 시작한 지 24년이 지난 1914년, 그는 거부가 되었으며 지역사회에 기여한 공로로 애틀랜타 시장에 당선되기도 했다. 그런데 캔들러 일가는 1919년에 코카콜라를 어니스트 우드러프에 넘겼고, 그의 아들 로버트 우드러프가 아버지의 뒤를 이으면서 코카콜라는 세계적인 음료회사로 성장하게 되었다. 캔들러가 우드러프에게 사업권을 넘긴 사건은 아직도 '미국 남부에서 이루어진 가장 큰 규모의 기업 거래로 기록되고 있다고 하는데, 타인의 아이디어를 재빠른 행동으로 비즈니스화한 캔들러야말로 위대한 기업 코카콜라를 탄생시킨 주인공이라고 할 수 있다.

실행가 하면 떠오르는 한국의 기업가가 있다. 현대그룹을 만든 정주영 회장이다. 그와 관련된 일화 가운데 반도체라인 증설에 관한 이야기가 있다. 반도체라인 증설은 조 단위의 투자가 필요한 사업이어서 매우 신중한 검토가 필요하다. 그런데 정 회장은 실무진이 올린 보고서를 읽어보지도 않은 채 사인했다고 한다. 다만 한 가지 물어본 것이 있다는데, "삼성도 투자한대?"였다. 보고서를 올린 직원이 그렇다고 하자 "삼성이 오죽 잘 검토했겠어"라며 그 자리에서 사인했다는 것이다. 현대반도체는 IMF 외환위기 당시 정부의 구조조정으로 LG반도체와 합병했다가 현재의 SK하이닉스로 주인이 바뀌긴 했지만, 정 회장의 "해봤어?"와 같은 실행 우선(doing first) 정신은 이 시대에도 여전히 유효하다. 아직도 우리나라 국민들이 정주영 회장을 가장 존경하는 기업가로 기억하는 이유도 여기에 있을 것이다.

대학 중퇴자로 '꿈의 연구소'라 불리는 MIT 미디어랩 소장에 임명되어 이목을 집중시켰던 일본인 이토 조이치는 "한국인들은 일본인과 달리 '그냥 질러 버려(Just do it!)' 정신을 지니고 있다"고 말하며 이것이 바로 세계 최고 수준의 혁신을 이끄는 힘이라면서 일본과 미국도 배워야 한다고 주장했다.

논쟁하지 말고 공부하라

뇌과학자인 김대식 카이스트 교수는 선진국 정치인들은 공부하는데 비해 후진국 정치인들은 싸움만 한다고 설파했다. 그는 4차 산업혁명이 우리에게 유토피아가 될지 디스토피아가 될지는 알 수 없지만, 준비 없는 희망은 무책임할 뿐이므로 미래 사회에 대비해야 한다고 지적한다. 그러면서 정치권에서 논란이 되고 있는 기본소득제에 대해 "국가 재정이 거덜날 것이다", "그렇지 않다"며 확인되지 않은 경제적 효과를 놓고 서로를 공격하지 말고 네덜란드처럼 특정 도시를 지정하여 기본소득의 경제적 효과를 공부하자고 주장한다.

김 교수가 말하는 공부란 무엇인가? 결과가 어떻게 나타날지 알수 없는 일이라면 테스트를 거쳐 그 과정에서 발생하는 문제점이 무엇인지, 어떻게 하는 것이 더 효과적일지를 검토하여 최적의 방안을 찾아보자는 것이다. 이는 혁신의 과정에도 그대로 적용될 수 있다.

혁신은 때로 이제껏 한 번도 해보지 않은 전혀 새로운 시도일 수 있다. 참고할 만한 자료나 경험이 없어 모든 것을 스스로 학습하며 해결해나가야만 할 수도 있다. 이때 된다, 안 된다 고민만 하거나 (thinking first) 갑론을박에 빠지면 아무것도 이루지 못한 채 경쟁자들에게 기회를 빼앗기고 만다. 먼저 행동하면서(doing first) 그 과정에서 일어나는 문제와 실패, 해결과 발견을 통해 배우면서 혁신의 궁극 목표를 향해 도전하고 또 도전해야 한다. 생각하고 나서 행동하는 것(think and act)이 아니라 행동한 후에 생각(act and think)하는 패러다임으로 전환해야 한다.

하다 보니 중독자가 되었어요

"인간은 특정한 방식으로 끊임없이 행동함으로써 특정한 성격이 형성된다."

아리스토텔레스의 말이다. 사랑의 중요성에 대해 아무리 많은 책을 읽고 교육을 받아도 사랑이 그 사람 속에 내면화되기는 쉽지 않다. 사랑은 공부로 배우는 것이 아니라 행동으로 배우는 것이기 때문이다. 월드비전 등에서 봉사자로 일하는 유명 연예인들 중 한 분으로부터 처음에는 아프리카 봉사에 동행해달라는 요청에 한번 다녀오자고 응했다가 처참한 환경 속에서 살아가는 현지 아이들을 보살피는 동안 어느새 사랑의 중독자가 되어버렸다는 이야기를 들은 적이 있다. 책으로 배우는 사랑과 몸으로 배우는 사랑은 그 차원이 다르다.

리더십도 마찬가지다. 리더십의 모델로 거론되는 인물들이 훌륭한 리더가 된 것은 생각을 많이 했기 때문이 아니라 훌륭한 행동을 많이 했기 때문이다. 훌륭한 행동을 하다 보니 그것이 내면화되어 탁월한 리더십으로 나타난 것이다. 우리가 그들에게서 본받아야 할 것도 그들의 생각이 아니라 행동이다. 행동을 통해 얻는 통찰이야말로 진정한 통찰이다.

혁신도 그렇다. 생각이 부족해서 혁신에 실패하는 것이 아니다. 행동하지 않기 때문에 혁신이 이루어지지 않는 것이다. 이제부터라도 생각하는 시간을 줄이고 행동하는 시간을 늘려야 한다. 생각에 투자해서 얻는 이익보다 혁신적인 행동을 하면서 성공과 실패의 경험을 통해 축적한 통찰의 결과가 훨씬 값지다. 혁신적인 결과를 내지 못하는 이유는 혁신적으로 행동하지 않았기 때문이다. 혁신은 명사나 형용사가 아니라 동사다. 생각한 것을 실천하는 것이다.

"성인은 생각을 통해서 새로운 행동 방식을 얻는 것이 아니라 행동을 통해서 새로운 사고방식을 얻는다."

미국의 경영 사상가 리처드 파스칼의 말이다.

경영이념은 장식물이 아니다

기업에는 대개 핵심 가치를 포함한 경영이념이 있다. 나름 큰 비용을 들여 제정했을 것이다. 하나같이 거창하고 멋있고 가슴을 설레게 할 만한 문장들로 가득 차 있다. 기업들은 각종 교육과 이벤트를 개최하여 경영이념을 내면화하기 위해 노력하고 있다. 나 또한 일부 기업의 경영이념 전파를 위한 교육에 참여했던 적이 있다. 그런데 이런 교육이 무슨 의미가 있을지 회의가 들 때가 많다. 그렇게 생각하는 이유는 사원부터 임원에 이르기까지 경영이념의 내용이 무엇인지 모르고 있는 경우가 태반이기 때문이다. 알고 있어도 이를 업무에 적용하기 위해 무슨 노력을 했는지 적어보라고 하면 특별히 관심을 갖고 적용해본 적이 없다는 직원이 대부분이다. 직원을 선발할 때도, 인사 평가를 할 때도 경영이념이나 핵심 가치를 얼마나 실천했는가보다는 오직 실적만을 강조하는 일이 다반사다. 이런 경영이념이라면 있으나 마나 한, 액자 속이나 홈페이지에만 존재하는, 남에게 보여주기 위한 겉치레에 불과하다. 성찰과 반성 중심의 기존 방식으로는 경영이념이 구현되지 않는다. 경영이념이란 행동으로 구현될 때만 가치가 있다.

메신저 기업인 라인(LINE)을 오늘의 위대한 기업으로 성공시킨 결정적 공로자로 인정받고 있는 라인의 전 최고경영자 모리카와 아키라는 보수적인 풍토의 일본 기업에서 매우 독특한 캐릭터를 가지고 성공한 대표적 인물 중 한 명이다. 그는 라인을 경영하면서 경영이념을 아예 제정하지 않았다고 한다. 경영이념을 직원들에게 암기시키거나 억지로 교육하는 등 형식적인 일에 매달리기보다 기업이 추구하는 가치들을 행동으로 실천하도록 분위기를 조성하고 지원하는 일에 힘썼다. 결과적으로 직원들은 신이 나서 아이디어를 쏟아내며 새로운 일에 도전했고, 그 과정에서 실패를 경험했지만 그것을 교훈 삼아 성장해나갔다. 경영이념의 문구에 집착한 것이 아니라 그것을 구현할 행동에 집중했기 때문이다.

최근 기업들의 경영이념에 가장 많이 등장하는 단어가 '창조' 혹은 '창의'다. 그런데 정작 창조적인 분위기를 만들어주고 있는지는 의문이다. 창조성을 말살하는 조직문화를 그대로 방치한 채 액자 속에 적혀 있는 창조라는 단어가 직원들의 심금을 울릴 수 있을까? 그런 경영이념이라면 더 이상 직원들을 괴롭히지 말고 없애는 것이 낫다.

글을 잘 쓰는 비결은 그냥 쓰는 것

나는 글쓰기를 배워본 적이 없지만 글을 쓰는 것이 그렇게 두렵지 않다. 젊어서부터 글을 쓴 것도 아니다. 대기업에 근무하던 30대 중반 무렵, 밤거리를 걷다가 문득 '이렇게 직장생활을 하다가 우리 아이들에게 무엇을 남겨줄 수 있을까?' 자문하게 되었다. 회사에서 받는 월급으로는 재산을 물려주기도 쉽지 않을 것 같고, 사업을 하기도 쉽지 않을 것 같다는 생각에 수필을 써서 물려주어야겠다는 생각을 했다. 문방구에 들어가 두꺼운 대학노트를 사서 그날부터 글을 쓰기 시작했다. 컴퓨터가 보급되기 전이라 볼펜으로 썼는데, 한 페이지도 다 채우지 못하고 3분의 2 정도에서 멈췄다. 하지만 글을 쓰는 것이 좋았다. 잠자기 전에도 쓰고, 새벽에 일어나서 쓰기도 했다. 내용은 주로 그날 있었던 일들에 대한 소감이었다. 그렇게 6개월 정도 쓰다 보니 속도도 빨라지고 문맥도 탄탄해진다는 느낌을 받았다. 한 번 볼펜을 잡으면 6~7장까지 써나갈 정도가 되었다. 자신감이 붙고 나니 책을 써보고 싶다는 생각이 들었다. 경험이 많은 친구에게 조언을 구하고 용기를 내어 마침내 책을 출간했다. 그렇게 해서 회사에서 최초의 저자가 되었고, 의외로 반응이 좋아 꽤 많은 판매부수를 기록했다. 내 이름으로 책을 내보자는 가벼운 마음으로 시작한 글쓰기가 10년에 한 권 쓰는 것으로 목표가 수정되었고, 다시 두 자릿수의 책을 꿈꾸게 되었다.

사람들로부터 어떻게 하면 글을 잘 쓸 수 있느냐는 질문을 종종 받는데, 그냥 쓰면 된다고 말해준다. 딱히 해줄 말도 없거니와 실제로 글이란 쓰면서 늘기 때문이다. 물론 주제와 관련한 독서와 자료 수집 등의 준비는 필요하다.

나는 글을 쓸 때 구상을 먼저 하지 않는다. 어떻게 쓰겠다는 생각을 하지 않고 노트북을 펴놓고 글을 써내려간다. 그러다 보면 신기하게도 생각들이 정리되고, 새로운 아이디어가 마구 떠오르기도 한다. 조용히 생각할 때는 도무지 잡히지 않던 실마리가 글을 쓰면서 풀려나가는 경험은 신비하기까지 하다.

말하기도 마찬가지다. 그동안 프레젠테이션 스킬에 대해 강의한 적이 많았는데, 말하는 능력 또한 생각을 많이 해서가 아니라 말할 기회를 많이 가져야 키울 수 있다. 생각은 저절로 말이 되어 나오지 않는다. 설사 나온다 해도 서툴기 쉽고, 감동을 주기도 어렵다. 직접 말을 하고 듣는 사람의 반응을 살펴 개선해나가는 노력 속에서 말하기 능력이 향상되는 것이다. 《대통령의 글쓰기》라는 책을 쓴 강원국 전 청와대 연설비서관이 방송에 출연해서 노무현 전 대통령으로부터 말을 하다 보면 생각이 더 잘 정리되는 것 같다는 말씀을 들었다고 했는데, 십분 이해가 간다. 나도 강의하면서 이런저런 이야기를 하는 중에 생각이 보다 분명해지거나 새로운 생각이 떠오르는 경우가 적지 않다. 그것들을 모아 이론을 세우고 살을 붙이면 나중에 책이 되었다.

8년간 미국 대통령으로 재직한 버락 오바마는 자연스러우면서도 감동적인 연설로 대중에게 인기가 많았다. 그것은 실수하지 않으려고 정돈된 말만 골라서 하는 것이 아니라 사람들을 바라보며 진정을 담아 자신의 생각을 표현하려는 끝없는 노력의 산물이라고 할 수 있다.

글을 잘 쓰고 싶으면 글을 써라. 말을 잘하고 싶으면 말을 하라.

충분히 생각하고 나서 글을 쓰고 말을 하려고 한다면 영원히 한 발짝도 나아가지 못할 것이다.

행동하면서 정의하라

박근혜 정부가 출범하고 나서 창조경제를 주창하자 도대체 창조경제가 무엇인가를 두고 한참 논란이 일었다. 정치적 공격 차원에서 접근하는 경우도 적지 않았다. 나는 당시의 논란을 보면서 우리 대한민국의 발전에 무슨 도움이 되겠는가를 생각했다. 경제에서 창조적 성과물을 내야 한다는 사실을 부정할 사람이 있을까? 개념을 명확히 정의하고 나면 창조경제가 성공할까? 물론 학문을 하는 사람들에게는 정의가 매우 중요하다. 그런데 무언가를 정의하기란 결코 쉬운 일이 아니다. 용어 하나를 정의하는 데도 수많은 논쟁과 동의가 필요하다. 하지만 국가와 기업을 경영하는 것은 학문이 아닌 현실이다. 정의하는 데 필요 이상의 시간과 정력을 쏟아서는 아무것도 할수가 없다.

인더스트리 4.0을 강력히 추진 중인 독일은 아직도 그 개념에 대해 완전한 정의를 내리지 못하고 있다고 한다. 하지만 거기에 얽매이지 않는다. 끊임없이 새로운 환경과 기술이 출현하기 때문에 정의에 의미를 두기보다 완성을 향해 앞으로 나아가는 것이 바람직하다고 판단하기 때문이다. 현실적인 판단이다. 그들은 인더스트리 4.0의 실천 목록을 작성하여 실제로 적용하는 일에 집중한다. 그 결과물들 중 하나가 앞에서 설명한 아디다스의 스피드 팩토리다.

정의에 정열을 쏟기보다 행동하면서 정의하는 것이 백 배 낫다.

실패는 용서해도 안주(安住)는 용서할 수 없다

감사(監査)라고 하면 흔히 이미 벌어진 일에 대해 잘잘못을 따지거나 조사하는 것으로 알고 있다. 그동안 대부분의 감사가 그런 식으로 이루어졌기 때문이다. 적발이 감사의 중요 기능 중 하나인 것은 맞지만, 감사 본래의 기능은 아니다. 감사는 진상을 밝혀 경영 목표 달성에 이바지하는 것이다. 그런 면에서 적발 위주의 감사는 구성원들을 방어적으로 만들어 새로운 일에 도전하기를 꺼리는 조직문화를 조성한다. 그런 풍토에서 미래를 준비하기란 불가능하다. 잘못은 지적하고 시정해야 하지만, 불가피한 실수나 장려할 만한 실패에는 힘과 용기를 불어넣어 다시 시도할 수 있게 만들어주어야 한다.

어느 회사의 CEO는 감사팀에 3가지를 강조한다. 잘못된 것을 적발하는 것, 잘한 것을 발굴하는 것, 일을 하지 않는 것을 균형 있게 봐달라고 주문한다. 감사는 그래야 한다. 이제는 여기서 한발 더 나아가야 한다. 현상 유지를 넘어 혁신적 변화를 촉진하는 감사가 되어야 한다. 시도할 수 있는데도 포기하거나 혁신할 수 있는데도 안주하지 않았는지 감사하고, 고의적이거나 윤리적인 잘못이 아닌 시도와 혁신 노력에는 박수를 쳐주고 패자 부활의 기회를 제공할 수 있어야 한다.

"실패는 용서할 수 있어도 시도조차 않는 것은 용서할 수 없다."

와타나베 겐이치 노무라홀딩스 사장의 말이다.

나의 '아웃사이트(outsight) 수준' 진단

1. 아래의 항목에 대해 귀하는 평소 어떻게 생각하고 행동하는지를 다음과 같이 평가하시오.

전혀 그렇지 않다: 1, 그렇지 않다: 2, 보통이다: 3, 그렇다: 4, 매우 그렇다: 5

구분	항목	점수
외부 지식 활용	1. 지식과 기술을 동원할 수 있는 외부 네트워크가 있다.	
	2. 모르는 것이 있을 때는 외부에서라도 해결책을 찾기 위해 노력한다.	
	3. 내가 알고 있는 사람들을 동료들에게 연결시켜주어 업무 추진에 도움을 주고 있다.	
	4. 타인과 호혜의 인간관계를 구축할 수 있는 능력이 있다.	
	5. 업무와 관련된 고급 정보가 어디에 있는지를 잘 파악하고 있다.	
	소계(EK, External Knowledge)	
새로운 경험	1. 전공 지식을 지속적으로 업데이트시켜왔거나 자신만의 전공을 창조해왔다고 자부한다.	
	2. 호기심을 가지고 다양한 분야를 경험하고자 노력한다.	
	3. 회사 일 외에 몰입하여 즐기고 있는 일이 있다.	
	4. 과거 경험을 참고하되 새로운 것을 받아들이는 데 관심이 많다.	
	5. 새로운 일을 맡게 되더라도 잘 적응해낼 자신이 있다.	
	소계(NE, New Experience)	

새로운 사람	1. 대인관계에서 강한 관계와 약한 관계의 균형을 유지하려고 노력한다.
	2. 새로운 사람을 만나고 관계를 이어가는 나만의 노하우가 있다.
	3. 다양한 분야의 사람들에게 배우기 위해 노력하고 있다.
	4. 배움의 기회가 있는 곳이라면 열심히 참석하여 사람들을 사귀고 있다.
	5. 도움이 되는 사람이 있으면 기꺼이 찾아가 도움을 요청할 수 있다.
	소계(NP, New People)
실행력	1. 빠르게 결정하고 신속하게 실행하는 편이다.
	2. 실패에 대한 두려움보다 실행 후의 결과에 대한 기대가 더 크다.
	3. 실패했을 경우 이를 통해 교훈을 얻고 성장의 기회로 삼을 줄 안다.
	4. 배운 것을 즉시 업무나 생활에 적용하려고 노력한다.
	5. 추진력이 뛰어나다는 소리를 듣는 편이다.
	소계(EC, Execution)

2. 아웃사이트 진단지의 소계 점수를 아래 그림의 해당 부분에 점
으로 표시한 후 실선으로 연결해보시오.

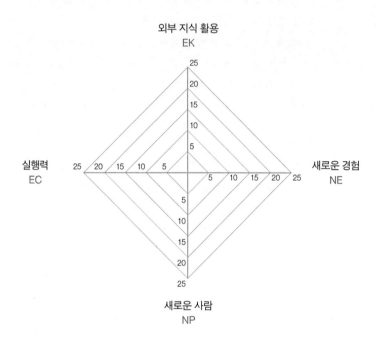

3. 다음에 대해 생각해보시오.

가장 점수가 높은 요인은 무엇인가?

가장 점수가 낮은 요인은 무엇이고, 이를 보완하기 위해 해야 할
일은 무엇인가?

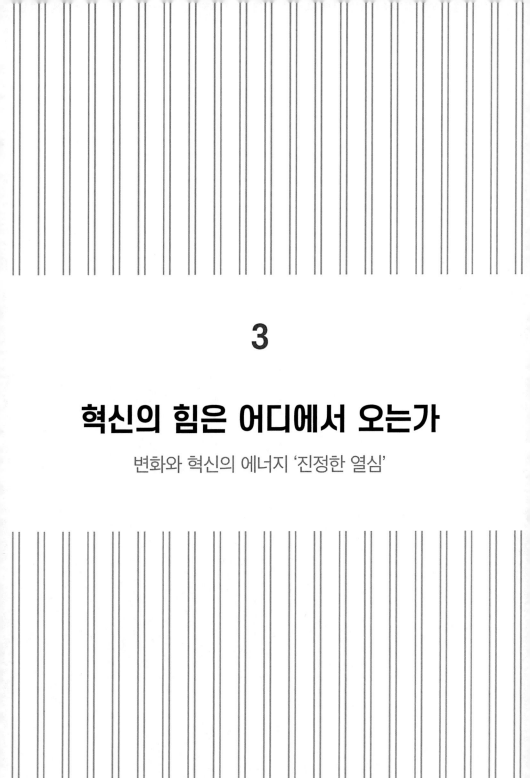

3

혁신의 힘은 어디에서 오는가

변화와 혁신의 에너지 '진정한 열심'

제아무리 좋은 엔진을 장착해도 불량 연료를 주입하면 처음에는 굴러가는 것 같지만 결국 엔진은 망가지고 자동차는 멈추게 된다. 지금까지 기업들이 선진 기업들의 시스템과 제도를 도입하여 모방했지만 정착시키지 못하고 잠깐 동안의 이벤트로 끝나고 말았던 이유가 이것이다. 가짜 휘발유가 엔진을 망치듯 '거짓 열심'이 판을 쳤기 때문이다.

엔진이 정상적으로 가동될 수 있도록 힘을 제공하기 위해 고급 연료가 필요한 것처럼, 변화와 혁신의 엔진이 꺼지지 않고 지속할 수 있도록 하려면 에너지가 필요하다. 그것이 바로 '진정한 열심'이다. 이제 열심을 가장한 거짓 열심을 들어내고 잃어버린 진정한 열심을 회복해야 할 때다.

4차 산업혁명,
기술보다 더 중요한 것은?

요즘 산업계의 최고 화두는 4차 산업혁명이다. 기업들이 강의를 요청할 때 4차 산업혁명을 다루어달라는 이야기를 빠뜨리지 않는다. 4차 산업혁명을 모르면 문맹, 컴맹에 이어 사맹(4차 산업혁명을 모르는 바보)이라는 소리를 들어야 할 것 같다. 그런데 다루는 내용이 인공지능, 사물인터넷, 빅데이터, 사이버물리 시스템, 클라우드 등 기술에 관한 것들이 주를 이룬다. 하지만 기술보다 더 중요한 것은 사람이다. 그중에서도 상상력과 실행력이야말로 성공의 키(key)라고 할 수 있다.

좋은 기술이 아무리 널려 있어도 상상력이 없으면 혁신적 성과를 내지 못한다. 기술은 그 자체로 존재할 뿐, 이를 가치화하려면 상상력이 작동해야 한다. 그렇다면 상상력을 만들어내는 힘은 어디에서 오는 것일까? 바로 혁신에 대한 열망이다.

위대한 혁신가들의 한 가지 공통점

뉴턴이 만유인력의 법칙을 발견했을 때 친구들이 그 비결을 물었더니, "몇 날이고 며칠이고 생각하고 또 생각했다"고 대답했다. 그런 열망을 가지고 있었기에 사과가 떨어지는 모습을 보고 만유인력의 법칙을 발견할 수 있었던 것이다. 세상에 우연히 이루어지는 일은 없다. 알리바바의 마윈 회장도 "변화를 이끌어가는 힘은 기술보다 기술 뒤에 숨은 열망"이라고 말하며 혁신의 원동력은 열망에 있다는 것을 강조했다. 재일교포 3세로 일본 최고의 부자가 된 소프트뱅크의 손정의 회장도 30년 넘게 비즈니스를 성공시켜온 핵심 요인을 설명하면서 "비전이 첫 번째, 전략이 두 번째, 전술이 세 번째다. 그러나 이 모든 게 제대로 이루어지려면 내면에 열정을 갖고 있어야 한다"고 말했다.

세계적인 미래학자 돈 탭스콧이 현대사회의 가장 위대한 CEO라고 극찬한 테슬라의 설립자이자 CEO인 일론 머스크는 열망이야말로 변화와 혁신의 가장 확실한 에너지임을 보여주는 인물이다. 그는 태양광사업, 전기자동차와 자율주행자동차, 화성 식민지 건설, 우주 인터넷, 하이퍼루프(hyperloof, 물류수송 전용도로), 지하고속도로 등 공상과학 영화에서나 나올 법한 일들을 추진하여 세상을 놀라게 했다. 무엇이 그를 이런 일들에 몰입하게 만드는 걸까? 그것은 "페이팔을 나오면서 돈을 벌 수 있는 최고의 방법이 무엇인가를 생각한 것이 아니라, 인류의 미래에 지대한 영향을 줄 수 있는 다른 문제는 무엇인가를 생각했다"는 그의 말에서 짐작할 수 있듯이 누구도 흉내 낼 수 없는 열망에서 비롯되었다. 그런가 하면 아마존의 창업자 제프 베조스는 우주개발에 매년 10억 달러(약 1조 1,300억 원)의 돈을 쏟아부으며 우주여행 시대를 앞당기고 있다.

세상을 바꾸는 위대한 혁신가들은 이처럼 하나같이 남다른 열망의 소유자들이었다.

그들을 죽음의 위기에서 살려낸 힘

"희소식이야. 구조대가 수색을 포기했어."

영화 〈얼라이브〉에서 주인공 난도가 친구들을 모아놓고 한 말이다. 구조대가 오기만을 기다렸는데, 수색을 포기한 것을 희소식이라고 하다니, 친구들은 그를 향해 "미친 놈!"이라고 욕했다. 하지만 난도는 "구조대가 수색을 포기함으로써 우리 스스로의 힘으로 이곳을 벗어날 수 있게 된 거야"라는 말로 응수한다. 그러면서 산을 넘어야 하는데 힘이 없어 넘을 수 없으니 무엇이라도 먹자고 제안한다. 먹을 게 없는 상황에서 그들이 선택할 수 있는 유일한 방법은 죽은 친구들을 먹는 것뿐이었다. 격론이 벌어졌지만, 그들은 결국 죽은 친구들의 살을 뜯어먹기로 한다. 그리고 난도와 카네사가 먼저 그곳을 떠난다. 산 정상에 올라가니 보이는 것은 끝없는 산과 엄청나게 쌓인 눈뿐. 카네사는 가다가 죽을 수밖에 없다는 생각에 절망한다. 하지만 난도는 저 어딘가에 푸른 계곡이 있다는 희망을 잃지 말자며 카네사에게 이렇게 이야기한다.

"우리가 70일이나 살아남은 게 뭘 뜻하는지 알아? 우리가 여기까지 올라온 게 뭘 뜻하는지 알아? 불가능이라는 거야. 불가능이었는데 우리가 해냈어! 이런 날엔 내가 인간인 게 자랑스러워. 살아 있다(Alive)는 게…. 이걸 보려고 산 거야. 이런 곳에서 보게 되다니…. 이 광경을 한번 봐. 이 친구야, 한번 보라고. 정말 멋져! 이건 신이야. 신이 우리를 인도해서 바위산을 넘어오게 한 거야."

확신에 찬 난도의 말에 카네사는 부정적인 생각을 떨쳐버리고 난도와 함께 걷기 시작, 마침내 탈출에 성공하여 구조 헬기를 타고 72일 만에 친구들을 구하는 데 성공한다.

폐쇄 직전의 공장을 되살린 직원들

아기용 기저귀 팸퍼스(Pampers)는 세계적인 생활용품 제조업체 피앤지(P&G)가 만든 글로벌 1위 브랜드다. 하지만 일본에서는 이상할 정도로 고전한 적이 있다. 토종 브랜드에 밀려 업계 4위에 그칠 정도로 부진했고, 좀처럼 글로벌 브랜드의 위상을 회복하지 못했다. 본사에서는 그대로 두고 볼 수 없다며 일본 공장 폐쇄를 검토했다. 300여 명의 직원들은 졸지에 실직 위기에 직면하게 되었다. 하지만 그들은 가만있지 않았다.

공장장과 R&D 담당 등이 직원들을 대표하여 일본을 방문 중인 본사 경영진을 찾아갔다. 그들은 자신들이 만든 제품이 왜 소비자들로부터 외면당하고 있는지 정확한 이유를 찾아 제품 제작에 반영하고, 원가 절감 방안을 강구하여 일본 법인을 우량 회사로 만들어보겠으니 기회를 달라고 간절히 요청했다. 매출지표를 만지작거리며 공장 폐쇄를 고려 중이던 경영진은 직원들의 말에서 진정성을 느껴 결정을 유보하게 되었다.

공장 살리기에 나선 직원들은 자신들이 만든 제품에 무슨 문제가 있는지, 매출 증대와 비용 절감을 위해 어떤 노력이 필요한지 구체적 방안을 마련하고 실행에 옮겼다. 그들이 제일 먼저 발견한 문제는 사이즈였다. 미국 아이들의 체형에 맞춘 기저귀가 일본 아이들에게는 맞지 않아 불편하다는 사실을 발견하고 크기를 조절하는 한편, 소비자들의 다양한 요구를 반영하여 품질을 향상시켰다. 또한 1센트라도 비용을 절감하기 위한 아이디어를 적용하여 중국보다 생산원가를 더 낮출 수 있었다.

직원들의 노력은 서서히 효과가 나타났다. 팸퍼스를 구입하는 소비자들이 늘어나기 시작했고 만족도 역시 상승했다. 게다가 중국의 부유층까지 구매 대열에 합류하는 모습을 보였다. 중국 공장에서 만든 팸퍼스 기저귀보다 더 위생적이고 고급스럽다며 사들이기 시작한 것이다. 일본 내 매출은 2배로 신장했고 시장점유율도 1위가 되었다. 급기야 P&G 본사는 일본 공장을 증설하기로 하고, 중국 공장에서 생산되는 최고급 기저귀를 일본에서 생산하도록 방침을 바꾸었다. 이렇게 해서 일본 팸퍼스는 폐쇄 직전까지 가는 위기를 딛고 아시아에서 가장 중요한 생산기지로 부상하게 되었다.

만약 우리나라에서 같은 일이 벌어졌다면 어땠을까? 과연 그들처럼 공장을 살리기 위해 발 벗고 나섰을까? 지금 TV 뉴스에서는 엄청난 적자가 나서 회사가 존폐의 기로에 서 있는데 연봉을 인상해달라며 파업을 하고 있는 한 기업의 소식을 전하고 있다.

'진정한 열심'은 위기를 이겨내는 힘

〈얼라이브〉는 생존의 위기에서 친구들을 구하는 과정을 그린 영화이고, 일본 팸퍼스는 폐업의 위기 앞에서 공장을 살려내는 드라마 같은 사례다. 이 두 이야기는 다른 내용이지만 하나의 메시지를 전달한다. 바로 '진정한 열심'이다.

'진정한 열심'은 '진정'과 '열심'이 합쳐진 말이다. 진정과 열심에 대한 사전적 정의는 다음과 같다.

진정(眞情) : 진실(眞實)하여 애틋한 마음, 진실(眞實)한 사정(事情)

진정(眞正) : 거짓이 없고 참된 마음

영어로는 authenticity라고 하는데, undisputed credibility(반박의 여지가 없는 신뢰성)라는 뜻이다. 동의어로 genuineness(진짜, 진지함), legitimacy(합법성, 적정성, 타당성)가 있다.

열심은 다음과 같이 정의되어 있다.

열심(熱心) : 어떤 일에 온 정성을 다하여 골똘하게 힘씀. 또는 그런 마음.

열심과 비슷한 단어로 열망(熱望)이 있는데, 이 책에서는 더 높은 수준에 대한 간절한 바람인 열망까지를 포함하는 개념으로 열심을 재정의하여, 문맥에 따라 '진정한 열심'과 '진정한 열망'을 혼용하여 사용했다. 다시 말해서 진정한 열심은 '마음과 행동이 함께하는 것'으로, '진실한 마음으로 현재보다 더 나은 것을 이루기 위해 최선을 다해 힘씀'으로 정의한다.

지금 한국 경제와 기업들은 위기에 직면하여 자신감을 잃어가고 있다. 온통 부정적인 전망과 뉴스뿐이다. 조난당한 승객들이나 일본 팸퍼스 직원들의 처지와 조금도 다를 바가 없다. 그들과 마찬가지로 구조대는 그 어디서도 오지 않을 것이다. 우리 스스로 구조대가 되기를 자처해야 한다.

위기를 극복하는 일은 조난당한 선수들처럼 동료들 중 누군가의 희생을 초래하는 고통스러운 일이다. 미친 짓이라며 저항하는 구성원들의 생각을 긍정적으로 전환시켜 동참을 유도해야 하는 매우 어려운 일이기도 하다. 또한 누군가는 난도처럼 자구책의 선봉이 되어 위험을 무릅써야 하며, 구성원들은 팸퍼스의 직원들처럼 한마음으로 일어나 부정적인 상황을 돌파해나가야 한다. 그 마음이 '진정한 열심'이다.

진정한 열심만 있다면 위기는 얼마든지 극복할 수 있다.

그들의 열심은 거짓 열심이었다

강의를 요청받았을 때 망설여지거나 피하고 싶은 경우가 있다. 실적 부진 직원이나 퇴출 후보자들을 대상으로 한 교육이다. 당연히 표정이나 분위기가 어둡고, 무슨 이야기를 해도 삐딱하게 바라보기 일쑤이기 때문이다. 이런 교육을 왜 하는지 의문이 들기도 한다. 교육생들과 대화를 나누어보면 한결같이 하는 말이 있다.

"난 열심히 일했는데 억울하다", "평가가 잘못되었다."…

부정적인 평가를 받는 사람들 가운데는 실제로 열심히 일한 경우도 있다. 다만, 결과가 좋지 않았을 뿐이다. 여기서 짚어봐야 할 문제가 있다. 얼마나 진정으로 열심히 했는가다. 자신은 열심히 했다고 말하는 사람들의 실상을 들여다보면 변명에 불과하거나 거짓 열심을 진정한 열심으로 착각하는 경우도 있기 때문이다. 동료들의 99%

가 저 사람이야말로 열심히 하는 척하는 사람이라고 해도 당사자가 이를 인정하는 경우는 거의 없다고 한다.

대한민국은 사기공화국?

"한국인이 숨 쉬는 것처럼 거짓말한다는 사실은 한국인도 부정할 수 없다."

"예전부터 사회 전반에 거짓말과 사기 행위가 만연했지만, 경제 불황이 심해지면서 사기 범죄가 더욱 늘고 있다."

"2000년에 한국에서 위증죄로 기소된 사람은 1,198명, 무고죄는 2,956명, 사기죄는 5만 386명이었지만, 2013년에는 위증죄가 3,420명, 무고죄 6,244명, 사기죄 29만 1,128명으로 급증했다."

"이는 일본과 비교하면 66배 더 많은 수치이며, 인구 규모를 감안해보면 무려 165배 많은 것"

"사기 피해액은 43조 원에 이르렀으며, 이는 한국이 세계 제일의 사기 대국이자 부패 대국이라는 증거다."

일본의 경제전문지 〈비즈니스 저널〉(2016. 6. 14)이 보도한 내용이다. 한국인이라면 누구나 기분이 나빠질 내용이다. 하지만 부인할 수 없는 우리의 자화상이기도 하다. 다소 악의성이 보이는 기사이지만, 인용된 숫자는 꾸며낸 것이 아니라 대한민국 경찰청의 통계에 근거한 것이기에 말이다. 어쩌면 우리는 거짓 열심으로 살아온 사람들을 추켜세우며 알게 모르게 괴물들을 키워오고 있었는지 모른다.

대한민국 최고의 엘리트로 승승장구하던 인사들이 각종 비리 및 비위에 연루되어 뉴스에 오르내릴 때마다 저들도 나름 열심히 살아 왔을 텐데 어쩌다 저렇게 되었을까 하는 생각이 들곤 한다. 하지만 그들의 열심은 비뚤어진 열심이었다. 자신의 지위와 권력에 편승하여 사적 이익을 추구한 거짓 열심이었던 것이다.

우리나라가 곧 선진국에 진입할 거라는 이야기를 들은 지 십수 년은 지난 것 같다. 그런데도 여전히 1인당 국민소득이 3만 달러의 문턱을 넘지 못하고 있다. 이러다가 그냥 주저앉고 마는 것 아니냐는 부정적인 전망마저 나온다. 이유가 뭘까? 거짓 열심의 독버섯을 방치한 것과 무관치 않을 것이다. 이래서는 선진국 진입이 불가능하다. 우리가 하루빨리 진정한 열심을 회복해야 하는 까닭이다.

진정한 열심과 거짓 열심의 차이

'진정한 열심'과 '거짓 열심'을 판단하는 기준은 열심의 동기다. 자신이 맡은 일과 속한 조직 그리고 구성원들을 가치 있게 만들어주거나 높여주려는 의도가 있느냐에 따라 판단할 수 있다.

진정한 열심을 가진 사람은 현재의 상황에 안주하지 않고 더 높은 목표를 설정하여 도전하며, 위기 상황에 직면하더라도 이를 돌파하려는 의지가 높다. 또한 무슨 일에든 자발적으로 임하며, 공동체의 이익을 위해 개인의 이익을 희생할 줄 안다.

자신의 직무와 지위를 책임감으로 받아들이고, 고도의 윤리의식을 잊지 않으며, 동료들과 함께 성장하는 것에 관심을 둔다. 또한 자

진정한 열심 vs 거짓 열심

	진정한 열심	거짓 열심
목표 의식	현상 타파	현상에 안주
위기 대처	위기 돌파	위기 회피
동기	자발적	타율적
기여	공동의 가치 증진	사적 가치 증진
패러다임	승-승	승-패
문제의 원인	내 탓	남 탓, 환경 탓
업무, 지위 인식	책임감	특권 의식
자아 인식	투명	자기 기만
선택의 기준	원칙 준수	원칙 무관

신의 불완전함을 인정하고, 잘못했을 때 용서를 구할 줄 알며, 문제가 발생했을 경우 회피하지 않고, 그 원인을 자신에게서 찾으려고 노력한다.

반대로 거짓 열심을 가진 사람은 현상에 안주하며, 위기가 닥쳤을 때 회피하거나 자신의 이익을 최대한 도모하려고 애쓴다. 타율적으로 일을 수행하며, 전임자가 해온 일의 수준에 적당히 맞추려고 한다. 그러면서도 자기 자리에 대한 특권의식을 가지고 개인의 이익을 최대화하는 데는 누구보다 열심이다. 문제가 생기면 책임을 면하기 위해 변명을 일삼거나 남 탓으로 돌린다.

진정한 열심과 거짓 열심의 차이를 간명하게 정리하면 앞 페이지의 표와 같다.

진정한 열심은 관계 속에서 빛난다

진정한 열심은 결과적으로 타인과 공동체의 가치 증진에 기여하게 되지만, 거짓 열심은 타인과 공동체의 가치를 훼손하는 결과를 가져오게 된다. 결국 진정한 열심을 가졌는지는 타인과의 관계에서 그 수준을 알 수 있다.

자신에 대한 평가와 타인의 평가 사이에 갭이 큰 사람이 있다. 자신은 승-승을 추구한다고 하지만 타인에게 승-패를 추구하는 사람으로 보인다면(그것도 여러 사람에게 그렇게 보인다면) 진정한 열심이라고 할 수 없다. 이런 사람은 자신이 생각하는 개인적 자아(private self)와 외부에 나타나는 공적 자아(public self)의 차이를 메우려는 성찰과 훈련, 피드백이 필요하다. 갭을 메우는 가장 좋은 방법은 주위 사람들을 코치로 활용하는 것이다. 그들에게 내가 누구이며 무엇을 하고 있는지를 묻는 것이다.

진정한 열심은 눈여겨보지 않으면 잘 드러나지 않는다. 또 별 문제가 없거나 잘나갈 때보다는 위기가 찾아오거나 손해를 감수해야 할 때 더 잘 나타난다. 자신에게 내재한 진정한 열심과 거짓 열심의 비율이 궁금하다면 '진정한 열심 수준' 진단(188쪽)을 활용해볼 것을 권한다.

그러면 이제부터 진정한 열심이 빛을 발하는 순간을 살펴보자.

진정한 열심은 위기 때 빛난다

평소에는 진정한 열심을 가지고 일하는 것으로 보였는데 어느 순간 돌변하는 사람들이 있다. 개인 간의 관계에서도 좋은 사람인 줄 알았는데 문제가 생겼을 때 책임을 떠넘기거나 모르쇠로 일관하는 모습을 보게 되기도 한다. 그렇듯 진정한 열심인지 아닌지는 위기 때 실체가 드러난다.

세계에 자랑할 만한 한국인의 '운동'

전 세계 국가들 중에서 진정한 열심의 대표 국가를 꼽으라고 한다면 대한민국이라고 생각한다. IMF 외환위기 당시 나라를 살려야 한다는 일념으로 추진했던 '금 모으기 운동'은 전 세계 구제금융의 역사에서 찾아보기 힘든 유일한 사건이었다.

당시 금 모으기 운동은 고(故) 김지길 목사가 기독교인 국회의원 부인들의 기도회 모임에 갔다가 당시 야당 국회의원 부인이 "어려운 시기에 아이들 돌반지를 장롱 속에 쌓아두면 뭐하겠느냐"고 말한 것에 착안해 국무총리에게 제안함으로써 시작되었다고 한다. TV를 비롯한 모든 언론은 금 모으기 운동을 대대적으로 보도하기 시작했고, 김수환 추기경은 미사에서 "예수는 인류 구원을 위해 목숨까지 바쳤는데 금이 그렇게 아까우냐"면서 "이기주의가 만연하면 나라가 망한다"고 부유층의 동참을 호소하기도 했다. 1,200만 원짜리 골드바가 나왔다는 뉴스는 전 국민적 동참의 열기를 더했고, 개인은 물론 기업까지 가세했다. 서민들은 장롱 속에 감춰두었던 결혼반지, 돌반지, 금가락지, 팔찌, 목걸이, 시어머니가 물려준 패물 등을 가지고 나왔고, 해외 교포들까지 고국을 구하는 일에 동참했다. 급기야는 금 모으기를 넘어 다이아몬드, 삐삐(호출기), 헌옷 모으기 운동으로까지 확산되었다. 당시 해외 언론들은 국가적 위기에 우리 국민이 보여준 진정한 열심에 감동해 크게 보도하기도 했다.

어렸을 때 "대한민국은 단결이 안 된다", "대한민국이 하는 게 그렇지 뭐" 하는 식의 이야기를 많이 들었던 것 같다. 들은 대로 되었더라면 대한민국은 벌써 지구에서 사라졌거나 후진국 중 후진국에 머물러 있을 것이다. 그러나 대한민국은 전쟁을 극복하고 크게 성공한 대표적인 국가가 되었다. 도미니크 바튼 맥킨지앤드컴퍼니 회장은 방한 중에 가진 한 세미나에서 "한국에는 높은 수준의 다듬어지지 않은 야망(raw ambition)이 있었기에 오늘의 부흥이 가능했다"고 하면서 이것이 바로 리더십의 핵심이라고 말했다. 그가 본 높은 수준의 야망이 바로 진정한 열심이다. 지금 나라가 혼란하고 불경기가 심화되어 국민들의 불만이 높아졌지만, 우리 민족은 기본적으로 진정한 열심의 잠재력이 뛰어나다. 아직도 우리에게는 그 저력이 남아 있다. 그것을 일깨우기만 하면 현재의 위기를 능히 극복할 수 있을 것이다.

회사를 구한 중소기업 관리자

진정한 열심이라는 키워드를 발견한 순간 제일 먼저 떠오른 인물이 존경하는 친구인 변호연 상무다. IMF 외환위기 당시에는 포장기계 제조업체의 중간관리자였는데, 회사에 위기가 찾아오자 직원들이 희망이 없다며 하나둘 회사를 떠나기 시작했다. 하지만 변 상무는 자신이라도 남아서 회사를 살려야 한다며 밤을 새워가며 제품 개발에 몰두했다. 월급도 제대로 갖다주지 못해 아내의 불만이 컸다고 한다. 물론 그는 특근수당도 요청하지 않았다. 몸을 사리지 않고 열정을 다해 열심히 일하는 그의 모습에 고객들이 감동했다. 고객사들도 모두 어려운 시기였는데, 회사가 나아지면 반드시 그가 만든 제품을 구매하겠다고 했다. 그리고 약속을 지켰다. 회사는 정상화되었고 이후 성공의 길을 달리게 되었다. 지금 동종업계는 불경기 때문에 폐업하거나 급격한 매출 감소로 고통을 받고 있는데, 이 회사는 불경기라는 말이 실감 나지 않을 정도로 일감이 줄을 이어 주말도 없이 일한다. IMF 체제 때 신제품을 개발하지 않으면 살아남을 수 없다는 절박감에 목숨 걸고 노력한 덕분에 개발 능력이 강화되었고, 그때 감동을 받은 고객들이 변치 않고 거래해주고 입소문을 내주고 있기 때문이다.

변 상무는 그때나 지금이나 자만하지 않고 초지일관 회사를 사랑하고 기술 개발과 고객 관리에 몰두하고 있다. 내 회사라도 저렇게 하기 어려울 것이라는 생각이 들 정도다. 그러니 이 친구를 존경할 수밖에 없다.

잿더미에서 가게를 일으킨 직원들

대전에 갈 때마다 대전역에 있는 성심당에서 언젠가는 반드시 빵을 사보겠다는 결심을 해보지만 번번이 실패했다. 빵을 사려고 줄서 있는 사람들이 늘 너무 많았기 때문이다. 그렇게 잘나가는 성심당도 한때는 폐업의 위기에 몰린 적이 있었다.

2005년 1월 화재가 발생하여 한 층만 남겨놓고 모든 층이 잿더미가 되었다. 당시 사장은 제빵업에 대기업 진출이 늘어나고 대출금 상환에다 직원들 급여 주기도 버거웠던 터라 사업을 접기로 했다. 자녀들은 휴학하거나 입대하겠다고 했다. 사장의 부모가 종교의 자유를 찾아 남한으로 피난을 내려와 1955년부터 대전에서 찐빵 장사로 시작한 성심당은 50년 만에 그렇게 사라지는 것 같았다.

그때 직원들이 팔을 걷고 나섰다. '잿더미 속 우리 회사 우리가 일으켜 세우자'라고 크게 써놓고는 춥고 시린 겨울날 제빵 기계를 고치고 재 묻은 접시를 닦기 시작했다. 화재가 난 지 엿새 후, 그들은 임시 공장에서 만든 앙금빵과 카스테라를 들고는 엉엉 울었다고 한다. 그렇게 재건에 성공하여 오늘에 이르렀다. 진정한 열심을 가진 직원들이 성심당을 살린 것이었다. 그 과정에서 의외의 '소득'도 있었다. 건성으로 회사에 다니거나 마지못해 일하는 등 회사에 별 도움이 되지 못했던 직원들, 즉 거짓 열심을 가진 직원들이 알아서 회사를 나가준 것이다.

요즘 자영업을 비롯하여 대기업에 이르기까지 모두가 위기라고 난리다. 하지만 사업을 하면서 위기가 아닌 적이 얼마나 될까? 거의 없다고 해도 과언이 아니다. 따라서 언제든 위기와 직면할 각오가 되어 있어야 한다. 우리에게 진정한 열심이 절실한 이유다. 성심당의 사례는 진정한 열심을 가진 직원들이 있는 조직은 언제 위기가 닥쳐도 반드시 일어날 수 있다는 교훈을 준다.

진정한 열심은 위기 때 빛을 발한다.

일할 때는 '팩트 체커'처럼

4차 산업혁명 시대에는 산업 간 경계가 사라질 뿐만 아니라 일하는 방식에도 엄청난 변화가 불어닥칠 것으로 예상된다. 그 양상은 대략 다음과 같이 나타날 것이다.

4차 산업혁명 시대가 원하는 인재상

첫째, 노동의 개인화가 촉진될 것이다. 지금까지는 대부분의 사람들이 특정 기업에서 퇴직할 때까지 고용과 피고용의 관계를 이어왔다면 앞으로는 다양한 형태의 거래관계가 노동의 새로운 패러다임으로 등장하게 될 것이다. 일례로 휴먼 클라우드(Human Cloud) 방식의 업무 방식이 보편화될 것이다. 전 세계의 노동자들이 연결된 가상 공간에서 개별 프로젝트에 적합한 역량을 가진 사람들이 모였다가 흩어졌다를 반복하며 업무를 수행하는 형태가 자리를 잡을 것이다.

둘째, 업무 공간과 시간의 경계가 모호해질 것이다. 세계 최고의 자동차회사인 일본의 토요타자동차는 주당 2시간만 회사에서 일하고 나머지 시간에는 집에서 일하는 재택근무를 시행하고 있다. 본사의 직원 약 7만 2,000명 가운데 2만 5,000여 명이 이 제도에 따라 일하는 중이다. 다른 회사들도 재택근무제도를 시행하고 있는데, 앞으로는 자율 출퇴근, 재택근무, 원격근무와 같은 유연근무제가 더욱 늘어나고, 업무 공간도 지정된 자리가 아니라 자유롭게 이동하며 일하는 유연좌석제, 언제 어디서나 함께 자원을 공유하는 유연자원운용제 등이 일반화될 것으로 전망된다.

이러한 업무 방식의 변화는 그에 맞는 업무 태도를 요구하게 된다. 관리자가 지켜보지 않는 곳에서도 자율성과 책임감, 협력 정신을 발휘하여 성과를 낼 수 있어야 한다는 것이다. 이는 진정한 열심을 가져야 가능한 일이다.

혼자서도 책임 있게 과제를 수행하는 사람이 각광받는 시대가 되었다. 눈에 보이지 않는다고 대충 일을 처리하는 거짓 열심을 가지고는 네트워크로 연결된 공간에서 부정적 평가를 받아 금방 도태되고 말 것이다. 게다가 그들이 사적 욕망을 위해 인공지능 등을 악용한다면 그 폐해가 막대할 수 있다. 4차 산업혁명 시대에 진정한 열심을 가진 인재의 필요성이 더 커질 수밖에 없는 이유다.

갈라파고스에 갇힌 공무원들

정부세종청사에 근무하는 공무원들의 근무태도가 심심치 않게 언론에 오르내린다. 11시 30분부터 점심 먹으러 나간다, 오후 근무시간에 낮잠을 잔다, 목요일 오후부터 주말 분위기다, 간부들이 없을 때 인터넷 쇼핑이나 웹툰을 즐긴다, 세종시라는 갈라파고스 섬에 갇혀 민간 전문가들과 소통하지 못한다, 세상과의 단절로 현실감각이 없어져 정책의 엇박자가 심해졌다는 등의 내용들이다. 장관과 간부들이 국회 업무 등으로 서울과 세종을 오가며 비어 있는 시간이 많다 보니 근무기강이 해이해지고 자기계발을 등한히 한다는 것이 보도의 요지다.

이것이 사실이라면 이들이야말로 진정한 열심이 결여된 사람들이라 할 것이다. 대한민국의 발전을 견인해야 할 집단이 이렇게 무력해지고 기강이 해이해진 상태로 일한다는 것은 당장의 국가적 재앙일 뿐 아니라 국가의 장래가 우려되는 심각한 문제다.

진정한 열심을 가진 공무원이라면 지리적으로 불리해졌기 때문이라며 변명할 것이 아니라 현실 감각이 떨어지지 않도록 보완할 방안을 찾기 위해 더 노력해야 할 것이다. 오히려 세종시에 내려갔기 때문에 이전보다 더 세상과 소통하고 전문가들과 교류하기 위해 노력해야 할 것이다. 중앙정부에 과도하게 집중되어 있는 권한을 과감하게 지방정부로 이양하고 규제를 완화하여 국회에 자주 출석해야 할 일을 줄이는 등 근본적인 처방도 강구할 필요가 있다.

조용한 영웅 '인비저블'이 되어라

〈뉴욕타임스〉와 〈월스트리트저널〉 등 유명 매체에 기고해온 언론인이자 《인비저블(Invisible)》의 저자인 데이비드 즈와이그는 한 잡지사에서 기사의 사실 여부를 검증하는 팩트 체커(fact checker)로 근무한 적이 있다. 팩트 체커들은 대부분 풍부한 상식에다 능통한 외국어 등 뛰어난 능력을 갖추고 있다.

즈와이그는 일을 하면서 아이러니한 현상을 발견했다. 팩트 체커가 실수를 하지 않으면 아무도 그들에게 관심을 보이지 않는다는 것과, 일을 열심히 할수록 실수가 없다 보니 알아주는 사람이 없다는 것이었다. 물론 그들은 누군가에게 인정을 받기 위해 자신의 일에 최선을 다하는 사람은 아니었다. 그는 이와 같은 사람들을 '보이지 않는 영웅'이라는 의미로 '인비저블(invisible)'이라고 명명했다. 세계 각국을 돌아다니며 인비저블을 취재한 결과, 공통점이 있었다. 타인의 인정과 칭찬에 연연하지 않고 일 자체에서 오는 성취감과 만족감을 즐긴다는 것, 강한 책임감을 가지고 높은 수준의 업무에 도전하며 지독할 정도로 세밀한 부분까지 철저하고 완벽하게 처리한다는 것이었다.

인비저블은 진정한 열심의 전형을 보여준다. 보이지 않아도, 드러나지 않아도 묵묵히 자신의 일을 하는 것이다.

성과급은 안 받아도 좋다

살다 보면 조금 손해 볼 일을 요구받거나 감당해야만 할 때가 있다. 이때 절대 손해 보지 않겠다고 하는 사람들이 있다. 하지만 진정한 열심을 가진 사람은 사사로운 이해관계로 자신의 입장을 정하는 것이 아니라 손해를 보더라도 공동체를 위한 선택을 한다.

바보 같은 선택, 감동은 컸다

IMF 당시 파산한 대기업에서 임원으로 일했던 A씨의 이야기다. 그가 다니던 대기업은 1998년 8월 상업은행(현 우리은행)에서 2억 9,000만 달러를 대출받고 갚지 못하고 있었다. 그런데 은행에 제출한 자료들이 분식회계로 실적을 부풀린 것이 밝혀지면서 은행에서 임원 10여 명을 상대로 손해배상 청구 소송을 냈다. 나머지 임원들은 납부에 소극적이거나 대법원에 상고하는 등 저항했지만, 유독 A씨는 임원으로서 자신의 책임을 다하겠다며 이자까지 포함해서 7억 원을 갚기로 했다.

　재취업한 회사에서 받은 급여를 꼬박꼬박 은행으로 보내던 어느 날, 그와 함께 일했던 직원 30여 명이 은행에 청원서를 보냈다. "그 분은 70대가 넘어 경제력이 없고 남아 있는 재산도 없으니 우리들이 갚겠다"는 내용과 함께 4,000만 원이 찍힌 통장 사본을 동봉했다. 오랜 기간 직장생활을 함께해온 부하직원들이 직접 나선 것이다. 그들은 자신들의 이름을 불러주고 어깨를 도닥이며 큰형님처럼 아끼고 사랑해준 A씨를 그냥 쳐다만 볼 수 없었다고 했다. 그러다가 A씨가 세상을 떠났는데, 이번에는 그의 딸이 찾아와 "아버지가 노환으로 돌아가셨는데, 자식들이 채무를 변제하여 명예 회복을 해드리고 싶다"고 했고, 모 사립대 교수는 "그분을 존경했는데, 고인의 빚을 내가 넘겨받고 싶다. 빚을 모두 해결하고 그분의 영정에 바치고 싶다"고 했다. 그때 은행은 A씨가 사망하고 나서 상환받지 못한 6억 원을 미수채권으로 분류하고 대법원 판결문 등 관련 서류만 보관하고 있던 상태였다. 은행원들은 요즘에도 이런 사람들이 있느냐며 감동했고, 원칙적으로는 불가한 일이지만 고인을 생각하는 주변 사람들의 소망이 이루어지기를 바란다는 뜻에서 특별히 A씨에 대한 채권을 무상으로 양도했다.

　여기에 등장하는 인물들은 세상의 시각으로 보면 모두 미련한 사람들일지 모른다. A씨는 다른 임원들처럼 법적 다툼으로 기일을 끌

수도 있었고, 자녀들은 상속포기를 할 수도 있었다. 직장 후배들도 굳이 여기에 끼어들지 않아도 되었을지 모른다. 교수 또한 그렇게까지 한다는 게 매우 어리석은 행동이었을지 모른다. 하지만 나는 그들에게서 진정한 열심을 보았다. 그들은 손해를 보더라도 기꺼이 자신이 해야 할 도리를 다했다. 굳이 하지 않아도 될 일을 묵묵히 수행하며 어려움을 자청한 사람들이다.

진정한 열심은 손해를 감수하는 용기를 발휘하며, 그 용기는 세상을 감동시킨다. A씨가 임원으로 근무하면서 보여준 진정한 열심이 동료와 후배들, 자녀와 대학 교수를 감동시키고, 그들의 진정한 열심에 다시 은행이 부응했다. 이처럼 진정한 열심은 감동의 고리로 연결되어 선순환의 흐름을 만들어낸다.

삼성전자가 잃은 것과 얻은 것

2016년 갤럭시노트7이 출시된 후 시장이 보여준 반응은 가히 폭발적이었다. 나도 갤럭시노트7을 개통한 후 매우 만족했다. 그러던 중 배터리가 폭발하는 사고가 터졌다. 사람들은 삼성이 배터리만 교체해줄 것이라고 예상했다. 그런데 아니었다. 삼성은 예상과 달리 250만 대 전량을 교체해주겠다는 파격적인 리콜 계획을 발표했다. 어떻게 그런 일이 가능했을까?

삼성은 사고가 나자 서둘러 대응 조치를 모색했다. 더불어 사내게시판에 글을 올려 직원들의 의견을 물었다. 직원들은 "충성 고객은 돈 주고도 못 산다. 당연히 새 제품으로 교환해줘야 한다", "전량 리콜을 실천하지 않겠다면 고객가치가 최우선이라는 교육도 하지 마라", "갤럭시폰 쓰는 고객 앞에서 당당할 수 있게 최선의 결정을 내려주세요", "성과급은 안 받아도 좋으니 제발 새 제품으로 교환해달라", "단기적으로 손실을 봐도 경영진이 통 큰 결정을 해달라"는 의견을 올렸다. 무선사업부를 총괄하는 CEO는 "사업부장으로서 이런 문제를 유발해 매우 부끄럽고 미안하다. 여러분이 납득할 수 있게 조치하겠다"는 답변을 했고 수천 명의 직원들이 지지를 보냈다. 이런 직원들의 진정성 있는 요청에 힘입어 전량 리콜이라는 결정이 내려졌다.

혹자는 이번 사태로 삼성에 대한 부정적 이미지가 지워지지 않아 어려움에 직면할 것이라고 전망하기도 했다. 하지만 나의 생각은 달랐다.

삼성은 권위적인 문화 속에 굳게 닫혀 있던 직원들의 입을 열게 하여 그들 속에 잠재된 진정한 열심을 이끌어냈고, 직원들은 성과급을 포기해서라도 회사의 자부심을 지키고 싶다며 주인의식과 애사심을 발휘했다. 보도에 따르면 2조 원 이상의 손실이 발생했다고 하는데, 그때 나는 스타트업 삼성의 기치를 내건 삼성전자에 새로운 기회의 문이 열릴 것이라는 생각을 했다. 예상대로 삼성은 언제 그런 일이 있었던가 할 정도로 위기를 극복하고 세계 1위로 등극했다. 오히려 그 사건이 진정한 열심을 확인하고 이끌어낼 수 있었던 절호의 기회였다는 면에서 잃은 것보다 얻은 것이 훨씬 더 많았다고 생각한다.

진정한 열심은 자신의 이익이 아니라 해야 할 일을 먼저 생각하는 것이다. 그리고 해야 한다면 손해를 감수하고라도 그것을 행하는 것이다.

고객감동에서 고객 성공으로

진정한 열심을 가진 사람인지 아닌지는 약자를 대하는 태도를 보면 알 수 있다. 약강강약(弱强强弱)이라는 말이 있다. 약자에게 강하고 강자에게 약하게 하는 사람을 가리킨다. 상사에게는 간을 빼줄 것처럼 아부하지만 부하에게는 가혹하리만치 함부로 대하는 사람을 일컫는다. 물건을 사가는 대기업에는 굽실거리면서 납품업체 직원에게는 함부로 대한다. 거짓 열심을 가진 사람이다.

최근 갑질 문제가 심각하게 대두되고 있는 모습은 아직 우리 사회에 거짓 열심인 사람이 많다는 증거다. 갑질은 납품업체와 원청업체 간의 문제만은 아니다. 직장에서도 발생한다. 상사가 부하에게, 고객이 점원에게 갑질을 한다.

곳곳에서 발생하는 이 같은 갑질 현상은 거짓 열심이 우리 사회를 얼마나 황폐하게 만드는지를 가늠케 한다.

어느 건설사 퇴직자의 고백

이 책을 집필하는 동안 건설사에서 은퇴한 전직 고위 간부와 대화를 나눌 기회가 있었다. 책 이야기를 하다가 진정한 열심을 논하게 되었는데, 회사에 있을 때 갑질을 일삼는 동료들 때문에 안타까웠다는 말을 꺼냈다.

건설사가 사전에 제대로 준비해서 공사를 맡기면 하청업체들이 입는 피해가 최소화될 수 있는데, 적당하게 처리해서 넘기는 바람에 부실시공이나 설계 변경이 종종 발생했다. 이 때문에 재시공을 하게 되고, 그로 인한 손해를 하청업체가 고스란히 떠안게 된다는 것이다. 심지어 하청업체가 공사를 시작한 지 수개월이 지난 시점에서 건설사의 잘못된 설계도 때문에 전부 재시공하는 경우까지 있었다고 한다. 물론 추가 비용은 한 푼도 지급받지 못했다. 이러한 일이 건설업계에 관행처럼 퍼져 있다. 분명히 귀책사유는 건설사에 있는데도 하청업체가 불이익을 감수하는 이유는 고질적인 불평등 관계 때문이지만, 그 안에는 건설사의 담당자가 책임을 지게 되거나 승진 등에서 불리하게 작용할 것을 우려하여 하청업체의 책임으로 몰아가는 갑질이 자리하고 있다.

그는 이와 같은 불합리한 관행이 사라지지 않으면 하청업체들이 문을 닫게 되고, 결국 업계의 생태계가 파괴되어 대한민국이 죽는다고 말했다. 그래서 그는 관리자로 있을 때 직원들에게 완벽하게 준비해서 업무를 처리하도록 지시했고, 그 결과로 하청업체가 부당하게 손해 보는 일을 예방할 수 있었다고 한다.

바뀌지 않는 지원부서의 갑질

갑질은 상하관계에서만 일어나는 것이 아니다. 때로는 수평적 관계에서 발생하기도 한다. 대기업 계열사인 모 회사의 자재팀 직원들은 공장에 자재를 신청하러 오는 직원들에게 매우 불친절했다. 조금이라도 늦으면 시간이 지났다고 하면서 다음 날 오라고 했고, 자재를 수령하러 오는 직원들에게도 무표정한 모습으로 대했다. 당연히 원성이 잦았고, 팀장의 귀에도 들어갔다. 팀장이 좀 더 잘해보자며 직원들을 독려했지만 알았다고만 할 뿐 그다지 달라진 모습이 보이지 않았다. 싸가지 없는 몇몇 직원들의 푸념 정도로 생각하는 듯했다. 그래서 외부 인사의 특강을 듣기로 하고 나에게 연락해서 태도 변화를 가져올 수 있는 교육을 해달라고 요청했다.

나는 직원들에게 '진정한 열심'이라는 주제로 강의하면서 갑질의 여러 유형을 설명했다. 그러면서 지원부서는 업무의 특성상 주는 자의 위치에 있기 때문에 본래 자신은 그런 사람이 아닌데도 불구하고 자신도 모르게 갑질로 인식될 수 있는 행동을 할 가능성이 높다는 점을 알려주었다. 나는 잘하고 있다고 생각하지만 상대방은 그렇게 생각하지 않는 것이다. 또한 지원부서 업무의 본질은 단순히 자재를 주는 일이 아니라 그보다 더 높은 차원의 일이라는 사실을 일깨워주었다. 그리고 다음의 내용들을 전해주었다.

업무의 본질은 '고객 성공'

우리나라만큼 고객만족을 강조하는 국가도 드물 것이다. 고객만족에 관한 한 가히 세계적 수준이라고 할 수 있다. 그런데도 모자라 고객을 감동시켜야 한다고 한다. 고객만족이 기대감과 사용실감(사용 후 실제 느낌)이 일치하는 상태라면, 고객감동은 기대감보다 사용실감이 더 큰 경우를 말한다. 그런데 이게 끝이 아니다. 이제는 만족과 감동의 차원을 넘어서야 한다. 고객감동이 아니라 고객의 성공이 목표가 되어야 한다. 자신이 맡고 있는 업무의 이해관계자 모두를 성공시켜야 한다. 이런 마음으로 일하는 사람이 진정한 열심을 가진 사람이다.

허영호 전 LG이노텍 사장은 매우 성공적인 경영자로 평가받았다. 부품 구매를 담당한 실무자 시절, 그는 경쟁업체 직원들이 납품업체에 갑작스레 주문을 넣으며 납기를 맞추라는 등 무리한 요구를 하던 것과 달리 일이 순조롭게 돌아갈 수 있게 신경을 썼다. 향후 3개월간의 예상 물량과 그달의 필요 물량, 재고 정보 등을 미리 알려주어 납품업체가 무리 없이 부품을 생산할 수 있도록 도왔다. 납품업체는 그의 노력에 감사하여 그의 요구를 자기 일처럼 정성을 다해 해결하며 승-승의 관계를 구축했다. 그는 직원들과의 관계에서도 배려하는 마음을 잃지 않았다. 경비원이나 야근하는 직원을 찾아 격려하거나 애로사항을 들어주며 그들 편에 서서 경영했다. 그렇게 직원들의 마음을 얻어 기업을 발전시키고 영예롭게 물러났다. 진정한 열심으로 상대의 성공을 위해 노력한 결과다.

고객 성공을 업의 본질로 아는 직원은 설사 자재신청서를 몇 분 늦게 제출했다 해도 퉁명스럽게 말하거나 쌀쌀하게 대하지 않는다. 그 때문에 퇴근시간이 조금 늦어지거나 손해를 보게 되더라도 고객 성공을 위해 양보한다. 그것이 진정한 열심을 가진 직원의 태도다.

축복을 부르는 직원 vs 저주를 부르는 직원

대기업을 상대하는 회사의 직원들을 만나 보면 반(反)대기업 정서가 아주 팽배하다는 것을 느낄 수 있다. 그만큼 납품 과정에서 갑질을 많이 당한다는 증거일 것이다. 그들 중에는 먹고사는 문제만 아니라면 가만있지 않을 거라면서 저주에 가까운 욕설을 내뱉기도 한다. 안타까운 일이다.

이는 직원 자신은 물론, 대기업의 미래를 위해서도 바람직하지 않다. 내가 잘되기를 기원해주는 사람이 있어도 성공하기가 쉽지 않은 세상인데, 망하기를 기원하며 저주를 퍼붓는 사람들이 있다면 어떤 경우라도 좋을 리 없다. 우리 눈에는 보이지 않지만, 기(氣)의 관점에서도 결코 간과할 일이 아니다. 긍정의 기를 모아주면 만사가 잘되고, 부정의 기를 모아주면 만사가 잘못된다.

기독교인인 나는 중보기도라고 해서 누군가를 위해 모두가 합심하여 기도하면 신기하게도 문제가 해결되는 경우를 적잖이 보아왔다. 회사가 잘되기를 기원하는 사람이 많으면 그 결과로 잘될 것이라고 믿는다. 반대로 회사가 망하기를 기원하는 사람이 많다면 망할 수밖에 없을 것이다. 실제로 일부 기업에서 이런 현상이 나타나기도 했다. 매출액이 급락한 것이다. 그전부터 나는 그 업체에 납품하는 거래처들로부터 불만과 험담의 소리를 꽤 많이 듣고 있었다. 그것이 결국 화(禍)를 부른 것이라고 할 수 있다.

지혜로운 직원은 거래하는 사람들을 자신의 팬으로 만든다. 그들이 자신과 회사가 잘되기를 기원하도록 만든다. 축복을 부르는 직원이다.

매출 1등보다 진정한 열심의 1등으로

나는 자재팀 직원들에게 혹시 이 부서를 찾아와 자재를 신청하는 직원들에게 "자재팀에서 가장 재수 없는 사람 3명을 적어보세요"라고 한다면 그 명단에 절대 오르지 않을 거라고 자신하는 분들은 손을 들어보라고 말했다. 모두가 심각한 표정을 지었다. 그러면서 고개를 끄덕였다. 나는 이 질문에 자신 있는 직원이 많아져야 진정한 열심의 조직으로 거듭날 수 있다는 점을 강조했다.

그리고 마지막으로 덧붙였다. 단기간에 업계 1등이 될 수는 없더라도 1등 회사보다 진정한 열심에서는 앞설 수 있는 것 아닌가. 그래서 우리 회사가 잘되기를 기원하는 사람이 많아지면 반드시 언젠가는 1등 회사의 자리에 오를 것이라고 말했다. 하청업체 직원이나 무언가를 받아가는 다른 부서의 직원이라고 해서 함부로 대하지 않는 큰 생각을 가질 것을 주문했다.

고맙게도 그들은 나의 강의를 진정한 열심을 갖고 들어준 것 같았다. 강의를 마치고 나가는데 반성을 많이 했다며 이구동성으로 말해주었다. 얼마 후 팀장에게서 전화가 왔다. 직원들의 태도가 전에 비해 많이 달라졌다고. 강사인 내게는 이보다 신나는 말이 없다.

기적을 부르는 '역할 정의'

진정한 열심을 가진 사람은 맡겨진 일을 사랑하여 기대 이상으로 수행하기 때문에 자신뿐만 아니라 함께 일하는 사람들까지 가치 있게 만들어준다. 일이 많아도 얽매여서 억지로 하는 것이 아니라 자유롭게, 자발적으로 움직인다. 그에 비해 거짓 열심을 가진 사람은 기대 이하의 수준에 머물러 있기 때문에 겨우 현상을 유지하거나 퇴보를 거듭하게 된다. 조직의 관리 대상이 되어 고통스러운 직장생활을 하게 된다.

화려한 스펙과 높은 지능에도 불구하고 실패하는 이유

한 대기업의 김모 팀장은 화려한 스펙과 높은 지능지수를 가진 사람으로, 입사 당시부터 많은 사람들의 기대주였다. 명석하고 빠른 일

처리로 인정을 받아 차장 직위까지 단 한 번의 누락도 없이 승진했다. 그런데 차장으로 승진하여 팀장을 맡은 이후가 문제였다. 그는 유능한 사람이었지만 팀원들을 인정하는 데 인색했다. 근무시간에 딴짓을 하거나 외출하는 일이 잦았다. 그렇게 해도 자신은 일을 잘해낼 수 있다고 믿었던 것이다. 또한 팀원들이 올리는 결재서류에 대해 코칭보다는 비판을 일삼았다. 다른 팀들과도 아이디어를 교환하고 협력하기보다 논쟁하기에 바빴고, 한번 논쟁을 시작하면 이길 때까지 자기주장을 굽히지 않았다. 심지어 정반대의 논리까지 내세워 상대를 압박하기도 했다. 직원들은 그를 멀리하게 되었고, 그 앞에서는 좀처럼 말을 꺼내지 않았다. 그럴수록 김 팀장은 자신의 논쟁 능력에 확신을 갖게 되었고, 일을 잘하고 있다는 착각에 빠져들었다.

직원들의 원성이 자자해지자 회사는 그를 영업부서로 이동 발령을 냈다. 하지만 그의 업무 스타일은 바뀌지 않았고, 여전히 논쟁을 즐기며 실적만 가지고 직원들을 압박하거나 책임을 전가하곤 했다. 급기야 직원들이 회사를 떠나기 시작했고, 실적은 악화일로를 달렸다. 결국에는 김 팀장도 회사를 떠날 수밖에 없었다. 자신은 열심히 했는데 억울하다며 회사와 경영진을 비난하면서 말이다.

청소부의 열망이 이룬 혁신

버지니아 아주엘라는 필리핀에서 고등학교를 나오고 미국으로 건너가 호텔 청소부 일을 시작했다. 하지만 그녀는 단순한 청소부가 아니었다. 자신이 근무하는 리츠칼튼호텔의 총괄품질경영(TQM, Total

Quality Management)을 현장에서 실천하기 위해 진정한 열심을 발휘했다. 청소를 하면서 고객들이 물건을 어떻게 사용하는지를 세심히 관찰하고 기록하여 고객들의 취향에 맞게 객실 물건을 배치하고, 고객의 얼굴과 이름을 기억해두었다가 어쩌다 마주치면 이름을 불러주며 밝고 친절하게 인사를 건넸다. 린넨 작업도 2인 1조 등으로 방식을 개선하여 생산성을 높였다. 또한 자신의 경험과 노하우를 동료들과 공유함으로써 호텔 전체의 성장에 기여했다. 이렇게 아주엘라는 자신의 역할을 청소부에 국한하지 않고 고객 연구가, 업무 개선자, 교육자로 재정의하여 기대 이상의 일들을 통해 혁신적 결과들을 만들어냈다.

세계적인 경영학자 톰 피터스가 그녀를 신지식인의 전형으로 널리 소개하면서 아주엘라는 금세 유명 인사가 되었고, 미국 최고의 기업에 수여하는 말콤 볼드리지(Malcolm Baldrige) 국가품질상이 리츠 칼튼호텔으로 돌아가는 데 결정적인 공헌을 했다.

진정한 열심은 자신의 역할을 어떻게 정의하느냐에 따라 그 수준이 달라진다. 아주엘라처럼 청소부의 역할을 더 크고 적극적으로 정의하면 자신의 발전은 물론, 자신이 속한 기업을 최고의 기업으로 탈바꿈시킬 수 있다. 지금 당신은 자신의 역할을 어떻게 정의하고 있는가?

지금까지 나는 _____ 을 하는 사람이었다.

이제부터 나는 _____ 을 하는 사람이다.

조성진 대표이사가 고졸 신화라고?

조성진 사장이 부회장으로 승진하여 LG전자의 CEO가 되었을 때 언론들은 '고졸 신화'라는 표현을 썼다. 나는 고개를 갸웃했다. 이 정도 규모의 기업에서 대표이사라고 하면 고졸이어서가 아니라 박사학위를 가졌어도 신화라는 표현을 써야 하는 것 아닌가? 고졸 신화라는 표현은 은근히 고졸을 낮추어보는, 간판을 중시하는 전근대적 사고가 반영된 것 아닌가?

조성진 부회장이 공업계 고등학교를 졸업하고 LG전자에 입사하여 성장해온 과정을 보면 왜 그가 CEO로 발탁되었는가를 충분히 이해할 수 있다. 용산공고를 졸업하고 LG전자에 입사한 그는 동기들이 그 당시에 잘나가는 선풍기 부서로 갈 때 세탁기 시장의 미래를 밝게 보고 세탁기 부서를 선택했다. 이후 10여 년간 150번 넘게 일본을 드나들며 세탁기 개발 기술을 익히는 데 전념했다. 회사에 침대와 주방 시설까지 갖춰놓고 밤샘 작업을 마다하지 않았고, 세탁기 옆에서 잠을 자면서 언젠가는 독자 기술을 개발하고야 말겠다는 열망을 품었다. 집에도 시제품을 여러 대 설치해놓고 직접 사용하면서 다양한 아이디어를 제안하여 제품 개발에 반영했다. HA(Home Appliance) 사업본부장으로 부임해서는 냉장고를 비롯한 주요 가전제품들을 일일이 분해하여 부품 하나하나의 쓰임새까지 확인할 정도로 적극적이었다.

어떤가? 탄복이 절로 나오는 그의 열성이 LG전자를 총괄하는 자리에 오르기에 조금도 모자라지 않다는 생각이 들지 않는가? 조 부회장은 우리에게 진정한 열심을 가진 사람은 반드시 성공한다는 이치를 일깨워주는 감동적인 인물이다.

이상한 사람의 이상하지 않은 성공

조성진 부회장과 어깨를 나란히 하는 경영자가 있다. BMW코리아의 김효준 사장이다. 덕수상고를 나온 그는 어려운 집안 사정으로 대학에 진학하지 못하고 증권회사에 취직하여 누구보다 열심히 일했지만 학력 차별이라는 현실의 벽에 부딪혀 외국계 보험사를 거쳐 제약회사로 명성이 높은 미국의 신텍스 한국법인에 들어갔다. 당시 제약업계에는 신약이 출시되면 의사와 약사들에게 임상실험을 부탁하고 그 대가로 음성적인 돈을 건네는 관행이 있었는데, 그는 이를 개선하기 위해 세법을 연구하여 '임상실험비'라는 항목을 찾아내 비용을 합법적으로 처리할 수 있는 근거를 마련했다. 까다롭게 구는 공무원들을 끈질기게 설득하여 공장 설립 인가를 얻어내기도 했다. 재무 담당자로 남다르게 일하는 그를 두고 신텍스 본사에서 "굉장히 이상한 재무 담당이 한국에 있다"는 소문이 돌 정도였다고 한다. 13명으로 시작한 한국신텍스는 직원이 10배 이상 늘어나고 매출액도 급성장했고 그는 대표이사 부사장이 되었다. 하지만 신텍스 본사가 세계적인 제약회사 로슈에 합병되면서 회사를 떠날 수밖에 없었다. 이때도 그는 직원들에게 한 푼이라도 퇴직금을 더 주기 위해 자기 앞으로 배정된 수억 원의 퇴직 인센티브를 포기하는 등 마지막까지 직원들을 위한 배려를 잊지 않았다.

그런 김 대표를 눈여겨본 헤드헌터가 그를 BMW에 소개했다. 독일의 BMW 본사에서 미국의 유명 대학 박사와 MBA 출신의 예비 후보 2명과 함께 면접이 진행되었는데, BMW는 김 대표를 사장으로 임용했다. 그는 전 세계 140개 BMW 지사 가운데 유럽을 제외하고 최초의 현지인 CEO가 되었고, 이후 BMW코리아는 성장을 거듭하여 세계 7위(2016년)의 지사로 도약했다. 김 사장은 본사로부터 경쟁자들보다 앞서 달려나가며 장기적인 안목으로 경쟁력을 높이는 전략을 쓴다는 평가를 받았고, 아시아인 최초로 본사 임원의 자리에 오르기도 했다.

버지니아 아주엘라, 조성진 부회장, 김효준 사장은 고졸 학력이라는 약점을 딛고 맡은 일을 기대 이상으로 해내어 회사의 가치를 높임으로써 자신도 성공하고 조직도 성장시키는 주인공이 되었다. 그들이 보여준 것처럼 진정한 열심은 놀라운 기적을 만들어낸다.

마지막이 아름다운 사람들의 공통점

2016년 리우올림픽 축구예선 경기에서 독일과 3:2로 이기다가 후반 연장 시간에 1분을 남겨 놓고 1골을 허락하여 다 이긴 경기를 동점으로 끝낸 적이 있다. 그런가 하면 2002년 월드컵 경기에서는 이탈리아와의 16강전에서 연장전 종료 직전 안정환의 골든골로 우승 후보 중 하나였던 이탈리아를 이긴 짜릿했던 순간도 있다. 이와 같은 일은 선수들이 끝까지 포기하지 않고 최선을 다해 만들어낸 기적 같은 결과다. 그런데 이런 일은 스포츠에서만 일어나는 것이 아니다. 직장에서 또는 직장을 떠나는 순간에도 벌어질 수 있는 일이다.

떠날 때 아름답지 못한 사람들
B과장은 어느 날 채용 사이트에 들어갔다가 현재의 직장보다 연

봉이 더 많고 분위기도 좋아 보이는 회사에 경력사원으로 지원서를 냈다. 경력도 적당해 보이고 면접도 매끄럽게 잘 끝냈다. 한 달 뒤부터 출근하라는 통보를 받고는 드디어 지긋지긋한 회사를 떠날 수 있다는 생각에 신이 났다. 계산해보니 자신이 쓰지 않은 휴가도 남아 있었다. 다니던 직장에서 마지막이라도 행복해야겠다고 생각하고 남은 휴가를 다 쓰고 정시 퇴근을 하며 맡겨진 일은 대충대충 처리했다. 그러고는 사직서를 제출했다.

그로부터 며칠 뒤, 합격한 회사에서 '귀하의 합격을 취소합니다'라는 통보가 왔다. 전 직장을 그만두었는데 합격 취소라니, 말도 안 된다며 항의했더니 돌아온 답변이 이랬다. B과장에 대해 경력 평판 체크(Career Reference Check)를 했는데, 그 과정에서 마지막 한 달간 불성실했던 일이며 대충대충 인수인계로 업무 인수자가 몹시 힘들어했다는 사실을 알게 되어 합격을 취소하게 되었다는 것이다. B과장은 곧바로 전 직장에 퇴사를 취소할 수 있는지 알아보았지만, 이미 모든 상황은 종료된 뒤였다.

떠난 후에도 아름다운 사람

나의 원칙 중 하나는 '내가 몸 담았던 조직을 내 입으로 부정하지 않는 것'이다. 지금 생각해보면 오늘의 내가 만들어진 것은 함께했던 직장과 동료, 상사들 덕분이다. 그들은 감사할 대상이지 결코 비난할 대상이 아니라고 생각하기 때문이다.

2017년 6월, 한 신문에 명예퇴직을 하면서 대구시청을 향해 세 번의 큰절을 올린 김봉표 자연재난과 과장에 관한 기사가 실렸다. 그는 공업계 고등학교를 졸업한 후 말단 공무원에서 서기관까지 승진하여 106㎡의 넓은 집에서 살 수 있게 되고 연금까지 받을 수 있는 복을 누렸으니 감사하지 않을 수 없다고 했다. 떠나는 순간까지 감사하는 그의 마음가짐과 행동을 볼 때 그는 진정한 열심의 소유자가 분명하다. 진정한 열심은 자리를 떠난 후에도 빛이 난다.

누구든 직장을 떠날 수 있다. 이유야 어떻든 떠나는 순간까지 자신이 재직한 직장에 충실할 일이다.

끝이 좋아야 다 좋은 법이다.

진정한 열심의 조직을 만들려면

어떻게 하면 진정한 열심의 조직을 만들 수 있을까? 일단은 진정한 열심을 가진 직원을 채용하는 것이 중요하다. 하지만 그런 직원들을 뽑아놓고도 활용하지 못하는 경우가 있다. 이를 방지하고 진정한 열심의 조직으로 만드는 방법은 무엇일까?

교육보다 채용

우선 능력보다는 진정한 열심을 가진 직원을 채용하는 것이 중요하다. 능력은 개발이 가능하지만 태도는 쉽게 바뀌지 않기 때문이다. 태도는 외부의 자극에 대하여 끊임없이 반응하면서 자연스럽게 내면화된 것이기 때문에 대체로 고정화되어 있다. 문제는 면접관들이 이러한 태도를 제대로 알아보는 안목이 있느냐이다. 입사 경쟁이

치열해지면서 면접을 준비하는 응시자들의 전략이 날로 향상되고 있는 데 비해 면접관들은 그에 상응할 만큼 면접 기술을 향상시키고 있는지 의문이다. 면접관으로 자주 들어간다는 한 기업의 임원과 대화를 하다가 그 회사는 어떤 직원들을 뽑느냐고 물었더니 자기 회사의 인재상이 뭔지도 모르고 있었다. 면접에 들어가면서 "뭘 물어봐야 해?"라고 묻는 면접관도 보았다. 그러다 보니 스펙이 좋은 사람, 인상이 좋은 사람, 말 잘하는 사람을 뽑게 된다. 그런 사람이 일도 잘할 것이라고 판단해버리기 때문이다.

기업들의 신입사원 교육에 출강해보면 임원과 비슷한 직원들이 뽑히는 것을 많이 보게 된다. 기업의 인재상은 '창의적인 인재'인데 실제로는 온순하고 자기 지시를 잘 따를 것 같은 직원을 선호한다. 본인이 그렇게 직장생활을 해왔던 것처럼 말이다. 그와 달리 기업의 인재상을 반영한 인성·적성검사로 직원을 뽑는 곳도 있다. 조직생활에 적응을 잘하고 성과가 뛰어난 직원들의 행동 특성을 연구하여 개발한 검사인데, 아주 고무적인 일이라 할 수 있다.

중압감에 대처하는 자세를 보라

3평짜리 창고에서 4명의 직원으로 시작하여 세계 최대의 모터 전문기업이 된 일본전산의 나가모리 시게노부 창업자는 사업 초창기에 골머리를 앓았다. 소규모 기업이다 보니 좋은 인재가 오지 않고, 입사를 해도 곧 떠나는 악순환이 반복되고 있었기 때문이다. 이때 "군대에서 경험해보니 밥을 빨리 먹는 직원이 괜찮은 것 같다"는 장인의 말에 착안하여 서류전형과 면접을 통과한 응시자를 대상으로 밥 빨리 먹기 시험을 도입했다. 식당에서 일부러 선밥이 든 도시락을 나누어주고 응시자들을 관찰했다. 이런 걸 주느냐며 불평하는 응시자도 있었고, 맛이 없어 끼적끼적거리다가 먹는 데 46분이나 걸린 응시자도 있었다. 하지만 그 맛없는 밥을 3분 만에 먹어 치우는 응시자가 있었다. 그때 10분 안에 밥을 먹은 응시자들을 전부 채용했는데, 이들은 모두 일본전산을 발전시키는 주역으로 성장했다.

다소 무모하고 무식해 보이는 채용 방법이지만, 여기에는 고도의 숨은 의도가 있었다. 밥을 빨리 먹는 사람은 판단과 행동이 빠르다, 그만큼 업무 추진 속도도 빠르다, 또한 밥을 빨리 먹고도 소화할 수 있는 튼튼한 위장을 가지고 있으니 건강하다는 증거다. 게다가 힘들고 주변 상황이 어려워졌을 때 불평하지 않고 묵묵히 자신의 일을 해낼 수 있는 사람인가를 확인할 수도 있다. 나가모리 사장은 지금까지 경영을 하면서 가장 잘한 선택 중 하나는 밥 빨리 먹기 시험이라고 말한다.

일본전산처럼 밥 빨리 먹는 사람을 뽑으라는 말이 아니다. 자사에 가장 적합한 인재를 선발하기 위해 얼마나 고민하고 있고, 어떤 실험을 해보았는지 돌아보아야 한다는 뜻이다. 그런데 인재 선발의 어려움을 호소하는 기업이 적지 않다. 탁월한 스펙에다 좋은 인상, 화려한 언변으로 무장되어 있는 지원자들 가운데서 진정한 열망을 가진 인재를 선발하기가 만만치 않다는 것이다. 여기서 한 가지 힌트를 제공한다면, 중압감을 어떻게 이겨내는가를 알아보는 것이다. 진정한 열망은 평온한 상태보다 불편하고 힘든 상황에서 드러나기 때문이다. 따라서 면접에서 중압감을 느낄 만한 상황을 만들어 지원자가 어떻게 대처하는가를 보거나 지원자의 관련 경험을 질문하여 확인하면 도움이 될 것이다.

사람은 평가받는 대로 행동한다

한동안 경영자의 우상으로 여겨졌던 GE의 전 회장 잭 웰치는 매년 직원들을 평가하여 하위 10%를 해고했다. 오죽했으면 건물은 남기고 사람만 죽인다고 하는 중성자탄이라는 별명을 얻었을까? 또 한때 세계 최대의 에너지 회사였고 가장 혁신적인 기업으로 칭송받던 엔론의 최고경영자인 제프 스킬링도 매년 성과를 평가하여 하위 15%를 무자비하게 해고했다. 나는 이런 제도들을 마치 인재 경영의 만병통치약인 것처럼 무비판적으로 받아들이는 것이야말로 가장 위험한 경영이라고 생각한다. 성과나 재능이 중요하지 않다는 것이 아니라 성과 이외의 더 중요한 요소들을 간과하게 될 가능성이 높기 때문이다.

미국의 경제 전문지 〈포춘〉의 기자가 취재한 내용을 토대로 만든 영화 〈엔론 : 세상에서 제일 잘난 놈들(Enron : The Smartest Guys in the Room)〉은 엔론이 어떻게 망해가고 있었는지를 다룬다. 엔론의 경영진이 성과 중심의 평가 관행을 고수하는 동안 편법을 조장하고 진정한 열심을 가로막는 근무 분위기가 조성되어 결과적으로 조직 전체가 확실한 죽음을 맞이하게 된다는 내용인데, 새겨들어야 할 대목이 많다.

조직의 비극은 거짓 열심을 가진 사람이 진정한 열심을 가진 사람보다 더 인정받는 데서 비롯된다. 근본 원인은 잘못된 평가다. 사람은 평가받는 대로 행동하기 때문이다.

한 회사의 지점장이 탁월한 영업 실적을 기록했다. 회사는 그에게 특진과 함께 파격적인 성과급을 제공했다. 교육 때마다 그는 베스트 프랙티스(best practice)의 모델로 소개되었고, 인기 있는 사내 강사로 활약했다. 정기 승진 때도 남들보다 앞서나갔다. 마침내 그는 본사의 부름을 받고 지점을 떠나게 되었다. 그때부터 그의 실제 면모가 드러나기 시작했다. 그가 운영해온 지점이 속빈 강정에 불과한 부실덩어리라는 사실이 밝혀진 것이다.

그는 부실계약을 조장하여 각종 상을 휩쓸고 회사의 지원제도를 지능적으로 잘 이용하는 '영특한' 지점장이었다. 전부터 동료 지점장들은 그가 잔머리를 굴려서 잘나가고 있다는 것을 알았지만, 차마 담당 임원에게는 알리지 못했다. 혹시나 그를 시샘하는 것으로 비칠지 모르기 때문이었다. 실은 본부장도 그 사실을 모르는 것이 아니었다. 하지만 그 덕분에 자신도 좋은 평가를 받게 되니 알면서도 눈을 감아주었던 것이다. 어차피 자신도 2~3년 지나면 다른 곳으로 자리를 옮기게 될 테니 자신의 재임기간에 좋은 실적을 올려주기만 하면 절대 손해 보는 일이 아니었기 때문이다.

아니나 다를까, 본사에 발령받아 부임한 그는 별다른 성과를 내지 못했다. 그가 그동안 이룩해낸 성과는 뛰어난 기획력과 전문성을 바탕으로 한 것이 아니었기 때문에 본사의 업무에 적응하는 데 어려움을 겪었다. 게다가 그는 현업의 지점장들이 하는 행동을 의심의 눈초리로 보았다. 뭐 눈에는 뭐만 보인다고, 자신이 비정상적인 길을 걸어오다 보니 다른 지점장들도 그럴 거라고 생각하며 불신하고 툭하면 트집을 잡았다. 현장이 잘 돌아갈 리 없었다. 지점장들은 그의 역할에 불만을 토로하기 시작했고, 이런저런 문제가 터지면서 그는 결국 직장생활에 종지부를 찍게 되었다. 잘못된 평가가 모두를 불행하게 만든 것이다.

진정한 열심을 의사결정 기준으로

세계적인 생활용품 제조업체인 P&G에는 '뉴욕타임스 룰(New York Times Rule)'이라는 규칙이 있다. 회사에서 일어나는 어떤 일이 미국의 최고 신문인 〈뉴욕타임스〉 1면에 톱기사로 뜨더라도 부끄러움이 없도록 해야 한다는 행동 규칙이다. P&G는 200여 년간 사업을 이어오면서 기업이 갖춰야 할 가장 큰 덕목이자 의무가 도덕성이라는 믿음을 갖고 한결같이 그에 걸맞은 규칙과 행동을 지켜온 것으로 잘 알려져 있다.

진정한 열망의 조직을 만들고자 한다면 모든 의사결정의 첫 번째 기준을 진정한 열망에 두어야 한다. 경영 방침으로는 고객만족을 내세우지만 현장에서는 고객의 눈을 속이고 회사의 이익만을 추구한다면, 협업을 강조하면서 부서 이기주의적으로 의사결정을 한다면 진정한 열망은 한낱 구호에 그칠 뿐 절대 조직문화로 자리 잡을 수 없다. 지금 당장은 이익이 되지 않더라도, 조금 손해를 보거나 늦어지더라도 진정한 열망을 기준으로 의사결정을 하고, 그에 부합하는 사람들을 우대하는 문화를 만들어야 한다.

평가보다 더 중요한 것

평가도 중요하지만 실은 평가 후의 신상필벌이 더 중요할 수 있다. 신상필벌을 통해 조직이 추구하는 것이 무엇이고, 절대 허용하지 않는 행위가 무엇인가를 깨닫게 하기 때문이다. 잘못된 신상필벌은 조직의 암 같은 역할을 한다. 잘못된 행동을 하고도 별다른 불이익이 없다면 거짓 열망이 독버섯처럼 자라나게 된다.

KBS가 정보공개청구를 통해 경찰청으로부터 입수한 자료에 따르면, 지난 2005년부터 2015년까지 11년간 음주운전으로 3번 이상 적발되어 운전면허가 취소되는 삼진아웃제를 적용받은 사람이 10만 명이 넘는다고 한다. 그리고 삼진아웃으로 면허가 취소된 뒤 2년이 지나 면허를 재취득하고 다시 술을 마시고 운전대를 잡은 사람이 5,000여 명이나 된다고 한다. 이렇게 된 이유는 대부분 경미한 처분으로 그치는 경우가 많기 때문이다. 사실 음주운전은 살인미수에 버금가는 중대 범죄다. 그런데 음주운전 단속에 5번이나 걸려도 실형을 선고받는 사람은 거의 없다고 한다. 법정에서도 음주 상태에서 저지른 범죄에 대해서는 정상 참작까지 해주고 있고, 무슨 기념일만 되면 '국민 통합'이라는 명분으로 정기적으로 사면해주고 있으니 음주운전이 근절될 리 없다. 비위가 발각되어 처벌을 받고 공직에서 물러난 공무원이 이후에 국립대학교나 산하기관으로 발령받아 간부로 일하고 있다는 소식도 거짓 열망의 온상을 떠올리게 한다.

그런데 이와 정반대되는 사례가 있다. 유명 쇼핑몰을 운영하는 K 대표는 창업 4개월째 되던 시기에 직원이 약 20명 정도 있었는데, 매출의 4분의 1을 담당하던 직원이 회식 자리에서 불미스러운 일을 저질렀다. 구체적인 내용은 공개하지 않았지만, 기업의 가치관에 반하는 행동이어서 묵과할 수 없었다. K대표는 바로 다음 날 그 직원을 해고했다. 매출이 걱정되었지만 기업문화를 바로 세우기 위해 내린 각고의 결단이었다. 당장의 성과보다 기업의 핵심 가치에 어긋나는 잘못된 행동을 바로잡아 건실한 조직문화를 구축하는 것이 더 중요하다는 확고한 신념이 있었기에 가능한 일이었다.

성과는 좋은데 진정한 열망이 부족하다면

승진이나 연봉 협상 시기가 되면 성과는 좋은데 진정한 열망이 부족한 직원을 승진시켜야 하는지 고민될 때가 있다. 이때 리더의 행동이 중요하다. 리더의 선택이 구성원들에게 진정한 열망을 가장 중요하게 여기고 있다는 시그널을 제공하기 때문이다. 부정직한 방법으로 성과를 냈다면 어떤 식으로든 책임을 물어야 한다. 문제는 진정한 열망이 부족한 직원을 어떻게 할 것인가이다.

한 글로벌 기업의 회장으로부터 들은 이야기다. 그는 아무리 성과가 우수하고 능력이 탁월해도 성품이 불량한 직원은 절대 관리자로 승진시키지 않는다고 했다. 평생 승진시키지 않는다는 말일까? 그렇지는 않다. 해당 직원에게 사실을 그대로 알려주고, 현재 상태로 승진하게 되면 팀장 역할을 잘할 수 없으므로 부족한 점들을 보완해야 하며 그랬을 때 더 유능한 팀장이 될 수 있다고 말해주고, 그를 위해 코칭 프로그램이나 교육 기회를 제공한다고 했다. 그런 과정을 통해 개선이 이루어진 다음에 승진시키면 훨씬 더 유능한 팀장이 된다는 것이다. 나는 그의 말을 듣고 이것이야말로 진정으로 직원을 존중하는 인사관리 시스템이라는 생각이 들었다.

능력은 있으나 진정한 열망이 부족한 직원은 승진을 다음 기회로 미루는 것이 낫다. 왜 그렇게 할 수밖에 없는지 이유를 알려주고 개선할 기회를 주어 진정한 열망이 없이는 앞으로 나아갈 수 없다는 점을 분명히 각인시켜주어야 한다. 그런 과정을 거쳐 승진을 시킴으로써 신뢰받을 수 있는 존재가 되도록 만들어주는 것이 리더가 취해야 할 행동이다.

진정한 열심을 칭찬하는 방법

칭찬은 돈 한 푼 안 들이고 진정한 열심을 강화시켜줄 수 있는 좋은 방법이다. 하지만 잘못하면 도리어 독이 될 수도 있다. 성과 위주의 칭찬은 수단과 방법을 가리지 않고 성과에 매달리는 괴물을 키울 수 있다. 성과보다 진정한 열심 중심으로 칭찬해야 한다.

진정성 없는 칭찬 : "이 과장, 수고했어!"

모 그룹의 한 계열사에 출강한 적이 있다. 인사팀의 박 팀장이 직원들과 회식을 하면서 건의 사항이 있으면 말하라고 했더니 모두가 "팀장님에게 칭찬 좀 받고 싶습니다"라고 하더란다. 분명 자신은 칭찬을 한다고 했는데 직원들이 그렇게 말하는 것에 충격을 받은 박 팀장은 내게 어떻게 하면 좋겠는지 조언을 구했다. 나는 그에게 역할 연기를 해보자고 제안했다. 내가 결재를 받으러 오는 직원이라고 생각하고 평상시대로 행동해보라고 했다. 그는 결재서류에 사인을 하더니 "수고했어"라고 말했다. 평소에도 그렇게 하느냐고 물었더니 그런단다. 그의 말은 칭찬이 아니라 일상적인 대화로밖에 느껴지지 않았다. 자신은 칭찬했다고 생각할지 모르지만 직원들은 그렇게 받아들이기 어려운 표현이었다. 진정성을 느낄 수 없기 때문이다.

진정성을 느끼기 어려운 경우는 또 있다. "최 과장, 수고했어. 나는 지금까지 팀장을 하면서 자네처럼 똑똑한 직원을 본적이 없어. 최 과장이 없으면 나는 할 수 있는 게 없으니 계속 잘 부탁해. 자네만 믿어"와 같이 말하는 경우다. 겉으로는 화려해 보이는 칭찬이지만, 마음이 없는 과잉 칭찬은 오히려 상대방으로 하여금 거부감을 느끼게 한다. 성공학 강의를 하는 분들 가운데서도 과잉 칭찬을 남발하는 모습을 종종 보게 된다. "당신은 세계적인 분입니다", "이 우주에서 최고이십니다" 등등의 표현을 아무렇지 않게 사용한다. 이런 칭찬을 들으면 듣는 사람이 진심으로 좋아할까? 오히려 기분이 나빠질 수도 있다.

진정한 칭찬이란 그에게 실제로 존재하는 그 무엇을 칭찬하는 것이다. 그렇지 않은 칭찬은 아부에 불과하다.

성·진·영 칭찬 : "김 과장, 이번 달에도 목표를 달성해줘서 고맙네. 모두가 힘들다고 예상했는데, 끝까지 포기하지 않고 노력해준 덕분이야. 나도 많이 배웠고, 다른 팀원들도 할 수 있다는 자신감을 갖게 되었어. 고맙네."

가장 바람직한 칭찬 방법은, 이른바 성·진·영(성과＋진정한 열심＋영향력) 칭찬이다. 《위기 극복의 힘, 성품 DNA(Making Character First)》의 저자 톰 힐과 월터 젠킨스는 비즈니스에서 성품의 중요성을 역설하며 그에 관한 교육과 프로그램을 진행하고 있는데, 성품을 개발하는 방법으로 칭찬을 강조한다. 일하는 과정에서 드러난 성품을 구체적인 예를 들어 말해준 다음, 그 성품이 자신과 주변 사람들에게 제공한 유익(benefits)을 칭찬하라는 것이다. 성·진·영 칭찬은 그들의 주장과 일맥상통한다. 직원이 달성한 성과는 물론 그 과정에서 보여준 마음과 행동(진정한 열심의 증거) 그리고 그것이 낳은 긍정적 영향력을 인정하고 칭찬해주는 것이다. 다음을 생각하면 된다.

성과 : 그가 이룩한 성과는 무엇인가?

진정한 열심 : 성과를 이루기 위해 어떤 마음가짐과 행동으로 진정한 열심을 보여주었는가?

영향력 : 그의 진정한 열심이 주위 사람들과 조직에 어떤 긍정적 영향력을 미쳤는가?

가시적인 성과가 없을 때에는 다음과 같이 응용할 수 있다.

"최 과장, 목표 달성이 어려운 것을 알면서도 계속해서 새로운 아이디어를 내고 노력해준 것에 감사하네. 덕분에 다른 팀원들도 아이디어를 내기 시작했고, 어느 때보다도 해보자는 열의가 높아졌어. 당장은 아니더라도 최 과장의 노력은 반드시 성공할 거라고 믿네."

진정한 열심을 가진 직원에게 믿음과 격려를 보내고 주변에도 좋은 영향을 미치고 있다는 사실을 칭찬해주면 미래 성과에 대한 긍정적 기대를 높여줄 뿐만 아니라, 조직 전체에 진정한 열심의 문화를 만들어갈 수 있다.

다음은 진정한 열심과 거짓 열심 중 어느 쪽의 비중이 더 높은지를 알아보는 진단지입니다. 본인이 되고 싶은 모습이 아니라 본인을 잘 알고 있는 사람들이 귀하를 어떤 사람으로 여길지를 고려하여 평가하시기 바랍니다. 한 항목에서 A와 F의 질문을 비교하여 합계 점수가 5점이 되도록 표시해주시기 바랍니다. 예) A= 3점이면 F= 2점, 합계= 5점

전혀 그렇지 않다: 0, 거의 그렇다: 5점

번호	항목	점수
1	A. 현재보다 더 높은 수준의 목표를 달성하기 위해 힘쓰는 편이다.	
	F. 전임자 혹은 기존에 해오던 수준의 목표를 추구하는 편이다.	
2	A. 잘못을 솔직하게 인정하고 이해와 용서를 구할 줄 안다.	
	F. 잘못을 드러내거나 인정하기 어려워 자신을 속일 때도 있다.	
3	A. 위기 때에도 긍정적인 생각으로 현상을 돌파하기 위해 노력한다.	
	F. 위기가 왔을 때 현상을 회피하려는 경향이 있다.	
4	A. 조금 손해를 보더라도 윤리적이고 법적으로 당당한 선택을 한다.	
	F. 목표를 달성하기 위해서라면 어느 정도 원칙을 어길 수 있다.	
5	A. 개인의 이익보다 공동체의 이익을 우선하여 생각하고 행동한다.	
	F. 개인의 이익을 우선하여 생각하고 행동한다.	
6	A. 지위나 직무를 책임감으로 받아들여 사적인 이익을 챙기지 않는다.	
	F. 지위나 직무를 이용하여 개인적인 이익을 추구할 때도 있다.	

		A. 다양한 사람들의 생각을 존중하며 소통할 줄 안다.
7		F. 폐쇄적 인간관계로 사람들과 소통하는 데 어려움을 겪는다.
8		A. 장기적인 관점에서 조직의 발전을 도모하고자 노력한다.
		F. 장기적 관점보다는 현재의 관점에서 단기적 이익을 추구한다.
9		A. 타인과의 관계에서 승-승의 관계를 추구한다.
		F. 타인과의 관계에서 승-패를 추구한다.
10		A. 문제의 원인을 나에게서 찾으려고 노력한다.
		F. 문제의 원인을 나보다는 외부에서 찾으려고 노력한다.

구분	1	2	3	4	5	6	7	8	9	10	계
A											
F											
계	5	5	5	5	5	5	5	5	5	5	50

A(진정한 열심)와 F(거짓 열심)의 점수를 비교하여 높은 쪽의 점수가 귀하의 일반적인 성향이라 할 수 있습니다. 예를 들어 A= 30, F= 20이라면 진정한 열심의 수준이 60%로 높은 편이지만 거짓 열심도 40% 정도는 된다는 의미입니다.

4

혁신, 소통으로 완성하라

변화와 혁신의 윤활유 '창조적 소통'

신형 엔진으로 교체한 후 고급 연료를 주입했다 해
도 오일을 제때 교체해주지 않으면 마찰열로 엔진이
파괴되어 자동차가 멈추게 된다. 특히 신형 엔진일
수록 내부에 이물질이 많이 생길 수 있으므로 자주
오일을 교체해주어야 한다.

창조와 혁신은 누군가에게는 희망이고 설렘이지만,
누군가에게는 현재의 익숙함과 편안함을 깨는 불편
함일 수 있다. 따라서 갈등과 반대의 소리가 커질 수
있다. 소통으로 해결해야 한다. 혁신을 위한 수많은
계획이 실패하는 가장 큰 이유는 소통 실패 때문이
다. 소통은 아이디어를 촉진하는 요인이기도 하지만,
발현된 아이디어가 효과적으로 실행되게 하는 요인
이기도 하다.

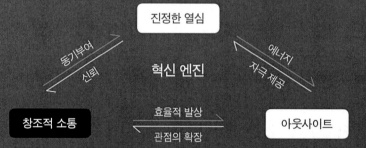

혁신을 완성하는 마지막 퍼즐

'혁신의 마지막 퍼즐은 소통'

LG화학의 박진수 부회장이 한 신문에 기고한 글의 제목이다. 박 부회장은 1997년 개봉된 뤽 베송 감독의 〈제5원소〉에서 물, 불, 바람, 흙이라는 4가지 원소와 제5원소인 '사랑'이 합쳐져 세상을 구한다는 내용을 인용하며 우리 기업들에도 제5의 원소인 '소통'이 필요하다고 썼다. 전통 경제학에서 말하는 생산의 3요소는 토지, 노동, 자본이다. 여기에 1990년대 이후 지식의 중요성이 대두되며 지식 경영의 시대가 열렸다. 그렇지만 성공 사례를 찾아보기 어렵다. 이유는 토지, 노동, 자본, 지식을 결합하여 시너지를 내게 해주는 촉매제가 빠졌기 때문이다. 그 촉매제가 바로 소통이라는 것이다.

소통이 혁신을 완성시킨다. 소통 없이는 다른 조건이 아무리 양호

해도 혁신에 성공할 수 없다. 그런데 우리의 소통 수준은 어떤가? 그 동안 소통을 강조하는 목소리들은 컸지만 현장에서는 불통의 문제가 더 커진 것은 아닌지 모르겠다. 창조경제를 부르짖는 정부가 진박(眞朴) 논쟁을 하며 나와 다른 생각들을 품지 못하는 현실이 지난 정부만의 문제일까? 소통은 우리나라가 창조와 혁신을 통해 선진 국가로 도약하기 위해 풀어야 할 핵심적 과제 중 하나다.

소통의 중요성이 더 커진 이유

2017 다보스포럼의 핵심 의제는 '소통과 책임의 리더십(Responsive and Responsible Leadership)'이었다. 4차 산업혁명의 긍정적 측면에 주목하는 한편으로, 불확실성 증대와 기존 시스템의 붕괴로 허탈과 좌절을 느끼는 사람들에게 진솔하게 반응하며 책임감을 가지고 문제를 해결할 수 있는 용기 있는 리더십이 필요하다는 것이다.

4차 산업혁명이 만들어낼 미래는 일하는 방식의 근본적인 변화가 불가피할 것이다. 조직행동론과 협업 경영의 대가인 에이미 에드먼슨 하버드대 교수는 미래의 기업에서는 지금처럼 고정된 형태의 팀으로 일하는 것이 아니라 필요한 사람들끼리 모였다가 흩어지는 방식으로 팀을 형성하여 탄력적으로 일하게 되는 경우가 보편화될 것이라고 예측했다. 사람과 사람, 사물과 사물, 사람과 사물이 연결되고 기술의 발전 속도가 광속처럼 빠르게 변화하는 시대에는 지금처럼 각자 범위가 정해져 있는 작업을 반복적으로 수행하는 경우는 줄어들 것이며 다양한 분야의 지식과 경험을 가진 사람들과 협업을 통해 과제를 해결해나가야 한다. 수시로 바뀌는 사람들과 협업을 통해 과제를 수행하는 일은 고도의 소통 능력이 요구되는 매우 어려운 일이다. 서로의 다른 관점을 이해하고 존중할 줄 알아야 하고, 나의 생각을 전달하는 동시에 상대의 아이디어를 받아들여 시너지를 만들어낼 수 있어야 한다.

기업의 경영진은 직원들의 아이디어가 분출할 수 있는 분위기를 조성해야 한다. 하고 싶은 말을 맘껏 해도 절대 불이익을 받지 않는다는 믿음을 갖게 해주고, 실패와 실수는 징계 대상이 아니라 성공으로 가는 학습 과정이라는 생각을 공유할 수 있도록 해야 한다. 그래야 일을 제대로 할 수 있고 창조적인 결과물을 얻을 수 있다.

혁신은 고통이라고 누가 말했나

그동안 혁신(革新)이라고 하면 고통을 떠올리는 경우가 많았다. 이는 일부 학자들이 혁신이라는 단어를 고통으로 해석하여 전파했던 것과 무관치 않다. 나 또한 이런 분들의 영향을 받아 과거에는 그러한 이야기를 했던 적이 많았음을 고백한다.

혁신의 혁(革)은 가죽을 의미한다. 그런데 한자에는 가죽을 의미하는 글자로 피(皮) 자가 또 있다. 똑같은 가죽을 의미하는데 혁신이라고 하지 피신(皮新)이라고 하지는 않는다. 이유가 뭘까? 피(皮)와 혁(革)의 차이는 무엇일까? 피는 벗겨내지 않은 자연 상태의 가죽을 의미하고, 혁은 가죽을 벗겨내어 말리고 가공하는 과정을 거친 상태를 말한다. 쉽지 않은 과정이다. 과거 IMF 외환위기 때 기업들이 구조조정 등을 거치며 감내해야 했던 고통스러운 상황을 혁신이라는 이름으로 포장하다 보니 혁신은 곧 고통이라는 인식이 강해졌다.

그래서일까? 일부 기업에서 '혁신학교'라는 이름으로 교육과정을 운영하는데, 반혁신적인 활동으로 이루어지는 경우가 적지 않다. 마치 특수부대 훈련소처럼 교육생들이 목청이 터져라 소리를 지르다가 목이 다 쉬어버려 득음(得音)의 경지에 이르게 되었다는 농담 아닌 농담을 하기도 한다. 혁신학교에는 유격훈련장처럼 교관들이 배치되어 있고 교육 마지막 날에는 무박 2일의 산행을 하면서 주어진 문제를 해결하도록 한다. 그렇게 군기가 바짝 든 직원들을 바라보며 경영자와 임원들은 흐뭇해한다. 어떤 기업은 평사원부터 부사장까지 전부 혁신학교를 수료하도록 했는데, 관심이 높아지자 그룹의 전 계열사에까지 확대했고, 다른 기업들에도 노하우를 전수하여 교육을 진행하기도 했다.

혁신학교를 만들어 '혁신의 전도사'로 불렸던 한 CEO는 직원들에게 자유 복장을 선포해놓고 정작 프레젠테이션을 하는 직원에게 복장이 그게 뭐냐며 공개적으로 망신을 주어 공포 분위기를 조성했다. 그는 혁신의 전도사라는 별명 덕분에 퇴임 이후 공기업의 CEO로 부임했다. 그가 지방의 사업장을 순시하러 갔는데, 사업장에서는 늘 그래왔듯이 신임 사장이 방문한다고 하여 주변 청소를 말끔하게 하고 간부들과 여직원 한 명이 꽃다발을 들고 영접을 위해 도열했다. 여직원이 차에서 내리는 신임 사장에게 환영의 꽃다발을 전달하는 순간, 사장은 꽃다발을 바닥에 내팽개치며 다시는 이런 일을 하지 말라고 소리를 질렀다. 지나친 행동이었다. 나는 그런 불필요한 관행을 없애려는 신임 사장의 의도에 전적으로 찬성한다. 하지만 꼭 그렇게 해야 했을까? 취임하자마자 나는 의전이 필요 없으니 사업장 방문 시에 아무도 나오지 말라고 한마디만 했어도 될 일인데 말이다. 그가 가는 곳마다 혁신 경영이 아닌 공포 경영이 시작되었다. 이런 CEO에게 어느 누가 No라고 말하며 자유롭게 의견을 개진할 수 있을까?

소통 없는 혁신은 절대 지속할 수 없다. 구성원들을 고통스럽게 하기 때문이다. 우리가 추구해야 할 혁신은 고통스럽고 지시와 명령을 따르지 않으면 불이익을 받을 수밖에 없는 두려움 때문에 하는 것이 아니라 즐거워서 하는 것이어야 한다.

"소통하지 않으면 고통이 온다."

영화 〈특별시민〉에 나오는 대사다.

스티브 잡스 같은 인재가 몰려오게 하려면

애플의 창업자 스티브 잡스가 대학을 중퇴하고 구직활동을 하다가 찾은 회사가 비디오 게임 회사인 아타리(Atari)였다. 잡스가 이 회사를 찾아 온 이유는 오직 하나, 구직 광고에서 본 '즐기면서 돈 버세요(Have fun, make money)'라는 문구였다고 한다. 이 회사의 창업자인 놀런 부시넬은 창업할 때부터 사훈에 재미(fun)를 넣을 정도로 직원들을 재미있게 만들어주는 일에 힘썼다. 당시만 해도 파격적인 금요일 맥주파티, 자유복장, 회사 곳곳에 게임기를 설치하고 주민들에게까지 개방하는 등 파격적인 행보를 이어나갔다. 회사가 즐거우면 직원들이 창의적인 아이디어를 낼 수 있다는 신념 때문이었다. 재미있는 회사라는 소문이 나면서 각양각색의 인재가 몰려들었고, 이들이 개발한 게임들이 성공하면서 부시넬은 '비디오게임의 아버지'라는 별명을 얻었다. 그는 그 후에도 40여 년간 창업을 지속하면서 즐거운 조직문화를 구축하는 일을 일관되게 추진했다. 그의 성공 비결이다.

그런 면에서 한국 최초로 건설산업관리(CM, Construction Management) 분야를 개척하여 비약적인 성장을 해온 한미글로벌(옛 한미파슨스)의 사례는 눈여겨볼 만하다. 이 회사의 설립자인 김종훈 회장이 삼성물산 근무 당시 말레이시아 공사 현장의 소장으로 일할 때 자녀들이 방학 중에 빨리 개학날이 오기를 기다리는 모습을 보고 그 이유를 물었더니, "학교가 재미있어서요"라고 대답하더란다. 이 말을 듣고 자신도 언젠가는 '직원들이 출근하고 싶어 하는 일터'를 만들겠다고 다짐했다고 한다. 창업 후 '위대한 일터(Great Work Place, GWP)' 만들기 운동과 행복 경영을 꾸준히 실천해온 배경이다. 그 과정의 노력을 담아 《우리는 천국으로 출근한다》라는 책을 출간하기도 했다.

요즘 기업들이 재미있는 일터를 만들겠다며 여러 가지 시도를 하고 있는 것은 고무적인 현상이다. 하지만 스티브 잡스와 같은 인재들이 매력을 느낄 만큼 재미있게 할 수 있는지, 회사를 천국이라고 자신 있게 말할 수 있는지는 별개의 문제다. 좋은 시도가 또 다른 의

무가 되어버리거나 형식적인 일로 그치는 경우도 있기 때문이다. 문제는 진정으로 재미있는 일터를 만들기 위해 직원들과 자유롭게 소통할 수 있는 태도를 가지고 있는가이다.

스타트업 삼성은 성공할 수 있을까?

소통이 최대의 화두가 되면서 기업마다 소통을 위한 시스템을 만들기 위해 새로운 시도를 하고 있다. 그중 하나가 호칭 파괴다.

삼성전자도 '스타트업 삼성'을 표방하며 직급 체계를 단순화하고 호칭을 파괴하여 서로 ○○ 님으로 부르기로 하는 등 권위적 문화를 수평적 문화로 바꾸기 위한 노력을 시작하며 주목을 끌었다. 이는 과거 이건희 회장이 추진했던 신경영의 성과를 넘어 변화하는 환경에서 조직의 체질을 바꾸고 진정한 혁신 기업이 되고자 하는 노력의 일환이라고 볼 수 있다.

"마누라와 자식만 빼고 다 바꿔라"라는 말로 상징되는 이건희 회장의 신경영이 성공할 수 있었던 것은 삼성이 자만할 때쯤 절묘한 시점에 위기의식을 불어넣는 이 회장 특유의 통찰력과 추진력이 있었기 때문이다. 당시 이 회장의 말은 법과도 같았고, 기대에 못 미칠 경우 어떤 불이익을 받을지 알 수 없는 공포감을 조성하기도 했다. 그런데 그때는 따라갈 대상이 있었다. 무섭게 다그치면 무슨 수를 써서라도 앞선 기업들을 배우며 방법을 찾을 수 있었다. 하지만 시대가 바뀌었다. 더 이상 따라갈 대상도 없고 오히려 따라잡힐 처지가 되었을 때는 아무리 무섭게 다그쳐도 혁신은 요원한 일이 된다.

이제는 과거의 방식이 통하지 않는다. 의지할 것은 직원들의 창의성뿐이다. 그것을 이끌어내는 리더십이 절실하다. 생각을 마음껏 표출할 수 있는 분위기를 조성해야 한다. 그렇지 않으면 어떤 직원도 창조적 시도를 하지 않을 것이다.

성형수술로 사람의 성품까지 바꿀 수는 없듯이 호칭을 파괴하는 등의 외적 변화만으로는 소통의 근본적 혁신을 이룰 수 없다. 창조와 혁신은 명령이 아니라 조직의 DNA를 바꾸는 노력이 있어야 가능하다. 조직의 DNA를 바꾼다는 것은 결코 쉬운 일일 수 없다. 스타트업 삼성을 발표했을 때 미국의 한 유력 신문은 삼성의 권위주의적인 조직문화로 볼 때 실패할 것이라는 전망을 내놓았다. 그만큼 어려운 과제라는 의미다. 그 전망이 틀리기를 바란다.

스타트업 삼성은 이건희 회장의 신경영보다 훨씬 더 어려운 일일 수도 있다. 그런 면에서 삼성의 변화는 이제부터가 진짜인지도 모른다.

소통의 크기를 좌우하는 리더의 그릇

대기업에 출강했을 때 한 교육생으로부터 들은 이야기다. 모시는 임원이 수억 원의 연봉을 받는데, 그가 돈을 쓰는 것과 마음을 쓰는 것을 보면 존경하기 어렵다고 했다. 연유를 알아보니 그 임원은 주말에 가족과 여행을 다녀오면서도 법인카드로 결제하고 자신의 돈은 한 푼도 쓰지 않는다는 것이다. 심지어 택시를 타고 왔다면서 3,000원짜리 영수증을 내놓은 경우도 있다고 했다. 매사에 쩨쩨하고 인색한 모습을 보이는 그 임원을 어느 직원이 존경할 수 있을까.

다른 기업에서 이런 이야기를 했더니 "그 정도는 양호하네요. 500원 비용을 청구하는 경우도 있었는데요"라고 해서 모두 웃었던 적이 있다.

인재를 떠나게 만드는 스몰리더들

한 기업에서 만난 대리는 자신의 직속 상사인 C부장 때문에 회사를 계속 다녀야 하는지 상담을 요청해왔다. C부장은 실무자 시절 매우 유능했다. 하지만 그것이 문제였다. 모든 것을 안다고 생각한 나머지 직원들에게 업무를 시시콜콜 지시하고 업무 수행 중에도 확인하고 또 확인해서 직원들이 피곤해했다. 보고서도 서너 번은 고쳐야 했다. 직원들은 아이디어를 내면 격려받기보다 지적을 당하기 일쑤고, C부장이 일일이 간섭하다 보니 스스로 생각하려고 노력하지 않았다. 본인은 본인대로 피곤하고 직원들은 직원들대로 피곤한 하루하루가 계속된다.

한번은 모 기업에서 교육을 받았던 최 부장이라는 분이 집으로 찾아왔다. 찾아뵙고 상담을 하고 싶다고 해서 오라 했더니 최근 본인이 아이디어를 내서 새로운 과제를 수행했는데, 기대만큼 성과가 나오지 않았다고 했다. 그 일 때문에 담당 임원이 사장에게 질책을 받았고 임원 또한 사장의 질책을 받은 후 최 부장에게 노발대발했다는 것이다. 그 일이 있은 후 최 부장은 차장으로 강등되는 수모까지 겪었다. 최 부장은 지금까지 아이디어도 많이 내고 실적도 좋아서 동기들에 비해 승진도 빠르고 나름 후배들에게 롤모델이었는데, 한 번의 실수로 실패자로 낙인이 찍혀 회사생활을 청산해야 하는 것 아닌가 해서 상담을 청해왔던 것이다. 결국 그는 회사를 떠나 경쟁기업으로 자리를 옮겼고 임원으로 승진하여 '친정' 회사를 괴롭히는 주역이 되었다.

한 중소기업에 출강했을 때의 일이다. CEO가 부탁드릴 말씀이 있다며 강의 시작 한 시간 전에 도착해달라고 했다. 부탁받은 대로 일찍 도착하여 CEO를 만났다. 4명으로 시작했는데 납품하는 업체가 고도 성장을 한 덕분에 짧은 기간 안에 직원 수가 150여 명이 될 정도로 성장을 거듭해온 회사였다. 그런데 직원들이 많아지면서 CEO의 말이 잘 먹혀들지 않는다고 했다. 직원들에게 대우를 잘해주는데도 불평불만이 많다고 하면서 직원들의 문제를 강의에 반영해달라고 했다. 구체적 사례들도 이야기해주었다. 그는 직원들에게 감사하거나 그들을 인정하기보다 모든 문제의 원인을 직원들에게 돌리면서 비난하고 있었다. 한 시간 동안 CEO의 말을 들으면서 이 회사의 문제는 바로 CEO라는 생각을 했다.

위 이야기들은 스몰리더(small leader)의 전형을 보여준다. 스몰리더는 유능한 직원들을 뽑아놓고도 능력 발휘의 기회를 주지 않아 무능하게 만들거나, 조직을 숨 막히는 불통 조직으로 만들어 유능한 직원들이 떠나게 만든다. 그런데 우리 주변에 스몰리더가 의외로 많다. 성장기에는 스몰리더라고 해도 호황의 흐름을 타고 저절로 성장할 수 있었지만, 지금처럼 저성장이 고착화되고 혁신이 요구되는 시대에는 조직을 위험에 빠뜨릴 수 있다. 이제는 빅리더(BIG LEADER)가 필요한 때다.

스몰리더는 간섭하고 빅리더는 공간을 만들어준다

빅리더는 한 마디로 '마음이 부자인 사람'이다. 빅리더는 구성원들에게 기회를 주고 동기를 부여하면 스스로 잘할 것이라는 믿음이 있다. 탄탄한 실력을 바탕으로 더 높은 수준의 목표를 추구하며, 구성원들과 소통할 줄 안다. 반대 의견을 경청하고 토론을 선호하며, 실패를 학습의 기회로 활용하여 구성원들을 성장시키는 데 관심이 많다. 일시적인 인기보다 공동체의 이익에 우선순위를 두기에 단기적 관점보다 장기적 관점에서 업무를 처리한다. 권한을 위임하여 재량껏 행사할 수 있도록 지원함으로써 구성원들이 업무의 주인이 되게 한다. 또한 구성원들에게 베푸는 것에 후하고, 기꺼이 배우려는 겸손함을 가지고 있다. 빅리더와 함께 일하는 사람들은 성장과 배움의 기쁨을 누리며, 그 과정에서 자신들도 빅리더가 되는 선순환의 고리가 생긴다.

스몰리더는 빅리더와는 반대로 '마음이 가난한 사람'이다. 구성원들을 신뢰하기보다는 지시하고 통제해야만 일을 하는 수동적인 존재로 본다. 과거의 성과에 안주하거나 새로운 무언가를 만들어내겠다는 열정이 없어 더 나은 성과나 소통을 기대하기 어렵다. 단기적이고 개인적인 이익을 추구하는 경향이 강하며, 구성원들의 반대 의견이나 실패를 용납하지 않기에 토론을 통해 의견을 수렴하여 결정하기보다 자신의 주장을 따를 것을 요구한다. 사사건건 간섭하는 것을 일을 잘하는 것으로 착각하여 구성원들의 에너지를 고갈시키는 경향이 있다. 이를 표로 정리하면 다음과 같다.

빅리더(BIG LEADER)	스몰리더(small leader)
기본기(실력)가 탄탄함	기본기(실력)가 부족함
높은 수준의 열망	낮은 수준의 열망
다양성 존중	차이 불인정
피드백 경청	피드백 거부
실패 장려 / 실패에서 배움	실패 불용 / 낙인 찍기
공동의 이익 우선	개인, 부서의 이익 우선
임파워먼트(권한위임+지원)	만기친람(사사건건 챙김)
후함	인색함
공을 직원에게 돌림 / 책임을 짐	공을 자신의 것으로 함 / 책임전가
사제관계 : 부하(후배)-상사	사제관계: 상사-부하

스스로 스몰리더라고 말하는 빅리더

한 회사의 임원 및 팀장 교육에서 변화와 혁신에 관한 강의를 한 적이 있다. 사장이 참석하는 강의여서 담당자가 꽤 신경을 쓰는 것 같았다. 강의를 시작하기 전에 사장과의 만남이 예정되어 있다고 알려주었다.

사장을 미리 만나면 강의에서 이야기해주기를 바라는 부분을 열거하는 경우가 많은데, 대개는 직원들이 고쳐주었으면 하는 문제점이다. 때로는 해당 조직의 리더가 강의에 앞서 인사말을 하기도 한다. 황당할 때도 있다. 모 구청에서는 2시간 강의를 부탁해놓고 구청장이 나와서 "강사님께서 말씀하시겠지만…"이라고 하면서 20분 이상 일장연설을 늘어놓기도 했다. 그러려면 왜 강사를 불렀는지 이해할 수 없었다.

그런데 그날 교육장에서 만난 회사의 사장은 달랐다. 환한 모습으로 반기며 악수를 청하는데 사람을 끌어들이는 매력이 있었다. 테이블에 앉자고 하더니 "오늘 강의 준비한 것 있으시죠? 저는 전혀 신경쓰지 말고 준비하신 대로 하고 싶은 이야기를 마음대로 하세요"라고 하면서 강사를 안심시켰다. 그러고는 강의가 끝날 때까지 누구 못지않게 경청하는 모습을 보여주었다. 사장의 솔선수범 덕분에 그날 강의는 최상의 분위기에서 진행되었다. 끝나고 나서도 사장은 '예의'를 갖추었다. 사장과 임원들에게 쓴소리가 될 내용이 많았는데도 반성을 많이 했다고 하면서 담당자에게 다른 직원들도 강의를 들을 수 있도록 하라는 지시를 내렸다. 그것이 끝이 아니었다. 그날 밤 직접 전화를 해서 감동적인 강의였다며 거듭 감사의 뜻을 표했다.

내가 아는 한 그는 빅리더다. 스스로 "제가 스몰리더입니다"라고 겸손하게 말했지만, 강사가 자신의 잠재력을 최대한 이끌어낼 수 있게 배려했을 뿐만 아니라 쓴소리도 겸허히 받아들일 줄 아는 빅리더의 모습을 여실히 보여주었다.

소통함수와 리더의 유형

소통은 많은 생각들을 담아내는 행위다. 많은 물건을 담으려면 그릇이 커야 하듯이 리더의 마음이 넓게 열려 있어야 다양한 생각을 수용할 수 있다. 리더의 그릇이 커야 소통이 원활하게 이루어진다는 말이다.

리더의 크기를 그릇에 비유하면 바닥의 넓이는 리더로서 기본적으로 갖추어야 할 역량(Competency)을, 높이는 현재보다 더 높은 수준의 목표나 비전을 추구하는 열망(Aspiration)을, 입구의 넓이는 다양한 생각들을 품을 수 있는 마음 씀씀이 즉, 열린 마음(Open Mind)에 빗댈 수 있다. 바닥과 높이, 입구가 그릇의 크기를 결정하는 것처럼, 리더의 역량과 열망, 열린 마음에 따라 소통 수준이 달라진다. 그런 차원에서 소통은 다음과 같은 함수관계를 갖는다고 할 수 있다.

$$C = f(CAO)$$

C : 소통(Communication)

C : 역량(Competency)

A : 열망(Aspiration)

O : 열린 마음(Open Mind)

소통은 역량(C), 열망(A), 열린 마음(O)의 곱하기와도 같다. 역량이 뛰어나도 열망이나 열린 마음의 정도가 제로에 가깝다면 소통이 거의 일어나지 않는다. 다른 경우도 마찬가지다.

소통함수에 따라 리더의 유형을 구분하면 다음과 같다. 여기서는 그릇의 크기에 따라 분류한다는 의미에서 '볼 리더십(Bowl Leadership)'으로 명명했다.

종지형

종지에 담을 수 있는 양이 극히 적은 것처럼, 역량, 열망, 열린 마

볼 리더십

종지형
스몰리더

컵형
스몰리더

접시형
스몰리더

삼각 플라스크형
스몰리더

빅 볼형
빅리더

음이 모두 낮은 수준이어서 영향력을 발휘하기 어려운 최악의 스몰리더다.

컵형

한 컵의 물이 갈증을 어느 정도 해결해줄 수 있는 것처럼, 무언가 해보려는 열망이 있어 일정한 영향력을 발휘할 수는 있지만 역량과 열린 마음이 뒷받침되지 않아 큰일은 할 수 없는 스몰리더다.

접시형

접시에 담긴 물은 이동할 때 찰랑거려 불안하고 쉽게 증발하는 것처럼, 역량과 열린 마음을 가지고 있음에도 불구하고 열망이 부족하기에 어려움에 처할 경우 쉽게 포기하거나 지속성이 부족하여 불안감을 보일 가능성이 높다. 개인적 강점에도 불구하고 이를 활용하여 꽃을 피우지 못하는 스몰리더다.

삼각 플라스크형

삼각 플라스크 안에 들어간 물은 안정되지만 집어넣을 때 어려움이 있고 물을 쏟을 때도 시간이 걸리는 것처럼, 역량과 열망을 갖추고 있어 개인적으로 안정되어 보이지만 다른 사람의 생각을 수용하거나 자신이 가지고 있는 것을 공유하는 것이 쉽지 않아 큰일을 도모하기에 부족한 스몰리더다.

빅 볼(big bowl)형

큰 그릇은 물을 담기도 수월하고 쏟아내기도 수월하다. 마찬가지로 빅 볼형은 역량과 열망 그리고 다양한 생각을 수용할 수 있는 마음 씀씀이를 가지고 있다. 특히 마음 씀씀이가 커서 다양한 사람들의 생각을 잘 수용하고 동시에 자신의 것을 오픈하여 교환하면서 창조적인 결과물을 만들어낼 수 있는 이상적 유형의 빅리더다.

바닥면이 넓어야 그릇을 안정되게 지탱할 수 있는 것처럼 리더가 탄탄한 역량을 갖추고 있지 못하면 소통에 장애를 초래할 수 있다. 또한 역량이 있어도 열망이 부족하면 소통을 통해 성과를 창출하기가 어렵다. 역량을 이끌어내는 힘은 열망이기 때문이다. 그리고 마음 씀씀이(열린 마음)가 커야 한다. 그릇의 입구가 좁으면 물건을 담기가 쉽지 않듯이 리더의 마음 씀씀이가 작으면 소통이 일어나지 않는다.

소통의 3요소는 어느 것 하나 중요하지 않은 게 없지만, 중요도에는 차이가 있다. 역량보다 열망이, 열망보다 열린 마음이 클 때 원활한 소통이 이루어질 수 있다. 열망은 큰데 열린 마음이 이보다 작으면 책임감 과잉 상태가 되어 타인을 괴롭히거나 갈등을 야기하여 탈진 상태에 빠질 수 있다. 이를 도식화하면 다음과 같다.

볼 리더십(Bowl Leadership) 진단

동료 또는 직원들이 아래의 항목을 읽고 귀하에 대해 어떻게 평가할 것이라고 생각합니까? 다음과 같이 점수를 매겨보시기 바랍니다.

전혀 그렇지 않다: 1, 그렇지 않다: 2, 보통이다: 3, 그렇다: 4, 매우 그렇다: 5

구분	항목	점수
C 역량	1. 산업과 업무에 대한 지식을 갖추고 기술 변화의 추이를 잘 이해하고 있다.	
	2. 문제의 본질을 파악하여 올바른 결정을 하는 데 능한 편이다.	
	3. 목표가 정해지면 구성원들의 참여를 유도하여 빠르게 추진하는 편이다.	
	4. 조직 안팎의 다양한 정보를 동원할 수 있는 정보원이 있다.	
	5. 고객들이 무엇을 요구하고 있는지 기민하게 파악하고 대응할 줄 안다.	
	점수: 소계(1~5) x 1 = ( )	
A 열망	6. 현실에 안주하거나 만족하지 않는 건설적 불만을 갖고 있다.	
	7. 난관에 직면하더라도 끈기와 인내심을 가지고 목표를 달성하기 위해 노력한다.	
	8. 부정적인 환경에 처할지라도 반드시 해결책이 있다고 생각한다.	
	9. 끊임없이 새로운 방법을 찾기 위해 궁리하고 또 궁리한다.	
	10. 맡은 일에 대하여 사명감을 가지고 최선을 다하여 수행한다.	
	점수: 소계(6~10) x 1.5 = ( )	

O 열린 마음	11. 직원들은 나에게 반대 의견을 말하는 것에 어려움을 느끼지 않는다.
	12. 좋은 의도를 갖고 시작한 일에 실패했을 경우 이를 성장의 기회로 활용할 줄 안다.
	13. 직원들은 누구든 자유롭게 발언하며 치열하게 토론하는 가운데 성장하고 있다는 믿음이 있다.
	14. 직원들이 자율적으로 권한을 행사하여 주인의식을 가지고 일할 수 있도록 기회를 제공하고 있다.
	15. 직원들이 유능하기 때문에 적절한 동기만 부여해주면 어떤 일이든 잘해낼 것이라 믿는다.
	점수: 소계(11~15) x 2 = ( )

※ 점수 계산 시 역량(×1), 열망(×1.5), 열린 마음(×2)에 가중치를 둔 것은 통계적 검증을 거친 것이 아니라 개념적 중요성에 비추어 임의로 부여한 것이다.

나의 볼 리더십 유형 형상화

　진단지의 점수(소계)를 다음의 표에 반영하여 선을 긋는다(1칸당 5점). 이어서 위아래에 타원을 그리면 그릇 모양이 만들어진다. 아래는 C가 25점(5칸), A가 35점(7칸), O가 50점(10칸)일 경우의 리더십 유형을 그린 것이다.

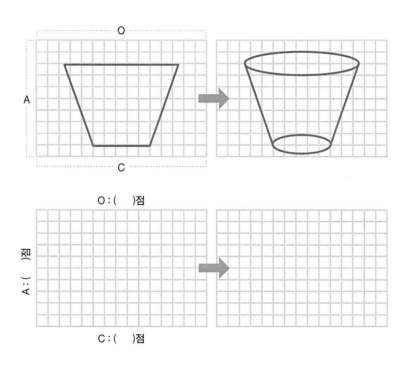

O : (　　)점

A : (　　)점

C : (　　)점

　나의 볼 리더십은 ＿＿＿＿＿＿＿＿＿＿＿＿＿ 에 가깝다.

직원들의 입이 회사의 미래다

어느 회사에서 있었던 일이다. 신입사원 교육이 끝나고 부서 배치를 받기 전에 선배와의 대화시간이 있었다. 한 신입사원이 "어떻게 하면 일을 잘할 수 있습니까?"라고 질문하자 팀장이 "새로운 일을 하려고 하지 말고, 시키는 대로만 하면 돼요"라고 대답했다. 신입사원의 마음이 어땠을까? 하지만 팀장의 대답은 우리의 현실을 대변해 주고 있다. 신입사원답게 패기 있게 창조적으로 업무에 임하면 된다고 말해야 했겠지만, 실제는 그렇지 않은 경우가 얼마나 많은가.

또 하나의 사례가 있다. 한 회사의 부장한테 들은 이야기다. 그 회사는 월요일 회의가 전쟁이라고 했다. 뜨거운 토론이 벌어져서가 아니다. 임원의 고성과 욕설이 난무하기 때문이다. 브리핑과 지시만 있을 뿐 토론은 없다. 한번은 사원 하나가 자신의 의견을 말했다가 박

살이 나기도 했다.

함부로 나서지 않는 게 상책이라는 말을 종종 듣는다. 조직생활을 오래한 사람들이 전하는 부정적 지혜의 대표 격이다. 이런 조직에서는 아무리 유능한 직원이라도 능력을 발휘할 수 없다. 직원들은 입을 닫고 리더들은 귀를 닫기 때문이다.

토론은 이익을 남긴다

회의를 하고 있는데 한 직원이 팔을 꼬고 몸은 의자 등받이에 젖힌 채 이야기를 듣고 있다면 어떤 일이 벌어질까? 아마도 문제 직원으로 낙인 찍혀 온전하게 직장생활을 하기 어려울 것이다. 하지만 이 회사의 경영자는 그 직원에게 "이봐, 어떻게 생각해? 어떻게 하는 게 더 좋을 것 같은가?"라고 묻는다. 구글의 에릭 슈미트 회장에 관한 이야기다. 슈미트 회장에 의하면 이런 직원들은 현재 논의되고 있는 내용에 반대할 가능성이 높은데, 그들의 의견을 통해 많은 아이디어를 얻는다고 한다.

우리나라에서도 회의를 생산적인 토론의 장으로 이끄는 경영자가 있다. 정태영 현대카드 부회장이다. 그가 임원회의 후에 트위터에 올린 글을 보자.

"오후 회의에서 중역들한테 밀렸다. 그래서 내 의견은 접기로 했다. 생각해보니 내가 너무 감정적으로 치달은 것도 같다. 내 의견이 일방적으로 먹히면 순간은 신나는데 뒷맛이 불안하다. 그런데 중역들 의견이 우세하면 항복해도 뒷맛이 든든하다."

현대카드의 회의 분위기가 어떨지 충분히 짐작할 수 있다.

《현대카드 이야기》라는 책을 보면 정 부회장이 CEO로 부임한 후 달라진 모습이 잘 나와 있다. 부임 초기에는 현대카드 직원들이 회의에서 한마디도 하지 않고 적기만 했다. 죽은 회의나 다름없었다. 답답해진 정 회장이 칼날을 빼들었다. 말이 없는 참석자에게 "아이디어가 없는 겁니까? 아니면 무관심한 겁니까?"라고 추궁하며 할 이야기가 없으면 회의에 참석할 필요가 없다고 선언했다. 심지어 침묵으로 일관하는 임원에게 사표를 받은 적도 있다.

현대카드에서는 침묵이 죄악이다. 설령 자신의 부서와 관련 없는 일이라도 관심을 갖고 적극적으로 의견을 개진해야 한다. 브리핑은 최소화하고 중요 안건에 대해 집중적인 토론을 벌인다. 토론에서는 네 일, 내 일이 따로 없다. 하나하나가 회사 전체에 영향을 미칠 수 있다는 사실을 잘 알기 때문이다. 지위 고하도 따지지 않는다. 심지어 정 부회장과도 치열하게 토론한다.

토론은 많은 이익을 남긴다. 참석자들이 철저히 준비하는 과정에서 실력이 쌓이는 것은 물론, 누가 회사를 위해 일하는 사람인지 파악할 수 있다. 열띤 토론을 거쳐 나온 결론은 최상의 수준일 가능성이 크고, 구성원들 사이에 공감대가 형성되므로 추진력을 높일 수 있다.

똑똑한 사람들을 모아놓고 말을 하지 못하게 하는 것만큼 어리석은 일도 없다. 큰 낭비일 뿐만 아니라 경쟁력 저하를 자초하는 길이다. 역대 정부 가운데 장관 역할이 가장 쉬웠던 시기가 박근혜 정부라는 우스갯소리가 있다. 서면으로 보고만 하면 되었기 때문이다. 대통령과 대면하여 토론할 일이 없으니 별다른 준비를 하지 않아도 되었을 것이라는 이야기다.

직원들을 유능하게 만드는 법

이세이 미야케는 20세기 후반 전 세계에서 가장 사랑받은 디자이너 가운데 한 명으로, 스티브 잡스가 생전에 프레젠테이션을 할 때마다 입었던 검은색 터틀넥을 만든 것으로 유명하다. 그가 1997년 파리 컬렉션을 마지막으로 패션 무대에서 은퇴한 후 현재의 후지와라 다이에 이르기까지 브랜드 명성을 이어오고 있는 이세이미야케는 신입사원이 들어오면 자유롭게 창의적인 이야기를 할 수 있게 한다. 이곳에서는 신입사원이든 후배 디자이너든 선배나 상사의 눈치를 보지 않고 아이디어를 내는 직원이 우대받는다. 목소리를 내지 않는 직원은 함께할 수 없다. 이런 과정을 거쳐 현재의 위치에 오른 수석 디자이너들은 신입 시절부터 미야케의 구상에 도발적으로 자신의 의견을 제시했고, 미야케는 그들을 사무실로 따로 불러 의견을 교환하며 후계자로 키워냈다.

입을 열게 하면 직원들이 유능해지고, 조직은 더 크게 성장한다. 반대로 입을 다물게 하면 적당히 눈치만 보다가 정년을 기다리는 직원들을 양산하게 된다. 회사가 흥하고 망하는 길이 따로 없다.

악마의 옹호자가 효과를 보지 못하는 이유

악마의 옹호자(Devil's Advocate)는 로마 교황청에서 성인을 승인하는 소위 시성 심사를 할 때 오로지 반대 의견만을 내야 하는 심의관을 말한다. 악마의 옹호자는 자신의 진정한 뜻과 상관없이 반대 역할에 충실해야 한다. 다양한 반론을 통해 성급한 일반화의 오류를 막아주고 집단사고가 가져올 수 있는 위험을 예방하기 위해서다. 선진 기업들에서도 이와 비슷한 제도를 도입하여 의사결정 과정의 오류를 막기 위해 노력하고 있다.

하지만 악마의 옹호자 제도가 실제로는 큰 효과가 없다고 한다. 찰런 네메스 캘리포니아대 심리학과 교수는 〈소수 영향 이론(Minority Influence Theory)〉이라는 제목의 논문을 통해 반대 의견자는 상대방의 생각을 바꾸는 데 역부족이라고 밝혔다. 속으로는 반대하지 않으면서 반대의 역할에만 충실하기 때문이다. 그에 반해 진정으로 반대 의견을 가진 사람이 회의에 참석했을 경우에는 의사결정의 개선 효과가 훨씬 높았다고 한다. 즉, 반대를 위한 반대가 아니라 진정하고도 합리적인 이유를 가진 반대자가 있을 때 효과를 보았다는 것이다.

영국의 지성으로 불리는 노리나 허츠 런던대 경제학과 교수는 올바른 의사결정을 하려면 '최고 이의 제기자(CIC, Challenger In Chief)'를 곁에 둘 것을 권고한다. IT의 발전으로 빠르고 쉽게 의사결정을 내릴 수 있게 되었지만, 여기에 빠져 있다가는 중요한 정보를 놓칠 수 있기 때문에 CIC의 기능이 점점 더 중요해진다는 것이다.

CIC는 반드시 공식적으로 임명할 필요는 없고, 회의 때마다 엉뚱한 소리를 하는 사람이나 대세의 흐름에 불만을 가진 듯한 직원이 맡을 수도 있다.

이와 비슷한 제도로 일부 기업들은 레드팀(Red Team) 혹은 블로커(Blocker)라는 이름으로 중요 사안을 반대되는 관점에서 분석하는 팀을 운영하기도 한다. 의사결정의 오류를 줄이기 위해 노력하는 지혜로운 경영 방식이다.

앤디 그로브의 반대 의견 활용법

문제는 반대 의견을 듣는 것이 좋다는 사실을 알기는 하지만 정작 반대 의견을 내보라고 하면 쉽게 내놓지 않는다는 것이다. 20여 년간 인텔의 CEO로 재직하며 세계 최고의 기업을 일군 앤디 그로브는 회의를 할 때 찬반 양론이 팽팽하여 결론이 나지 않을 경우 찬성의 입장에 있는 직원에게 반대 의견을 옹호하는 발언을 하도록 하고, 반대하는 직원에게는 찬성 의견을 지지하는 발언을 하도록 했다고 한다. 처음에는 직원들이 어색해 했지만 일련의 과정을 거치면서 상대의 입장을 이해하고 자신의 원래 입장을 재고하면서 의사결정의 과정과 질이 견고해졌다. 또한 그로브는 회사의 중요 정책을 발표하기 전에 직원들에게 초안을 제시한 후 반대 의견을 한 가지씩 제시하라고 요청했다. 이렇게 해서 결정된 사안은 단호하게 실행에 옮겼고 결과는 성공적이었다.

집단사고는 집단사망을 부른다

세월호 참사는 대한민국의 안전의식이 얼마나 취약한지를 보여준 최악의 경우였다. 만약을 이야기하는 것은 가슴 아픈 일이지만 세월호가 설사 방향을 급하게 틀었을지라도 화물들이 완벽하게 고정되어 한쪽으로 기울어지지 않고 평형을 유지했더라면 비극은 없었을 것이다. 마찬가지로 중요 의사결정을 할 때 하나의 주장만 있는 것은 매우 위험한 상황을 초래할 수 있다. 반대 의견을 듣고 평형을 유지하려는 노력이 필요하다.

한 건설회사에 출강했을 때 있었던 일이다. 이 회사는 매년 겨울 공사가 뜸할 때에 그룹사 임직원 모두가 참여하는 무박 2일의 교육을 실시한다. 낮에는 강의를 듣고 밤에는 랜턴을 들고 산을 넘는다. 눈보라가 몰아쳐도 계획된 대로 반드시 산을 넘는 전통(?)을 자랑하는 기업이다.

CEO부터 솔선하여 참여하는 모습이 좋아 보였다. 그런데 강의를 하면서 독특한 현상을 발견했다. 어쩌면 그렇게 직원들이 메모를 잘 하는지, 무슨 이야기만 하면 한 사람도 빠짐없이 받아 적었다. 강사로서 매우 인상적인 회사라는 생각이 들어 감사했다. 강의 중에 "어쩌면 이렇게 메모를 잘하십니까? 이런 회사를 본 적이 없습니다"라고 말했더니 여기저기서 웃음소리가 들렸다. 뭔가 숨겨진 사연이 있는 것 같아서 "왜 웃으시죠? 비하인드 스토리가 있는 모양입니다?"라고 물었더니 직원들이 대답 없이 또 웃기만 했다. 궁금증은 휴식시간에 풀렸다.

전년도 교육 때 뒷자리에 앉아 강의를 듣던 CEO가 직원들이 메모하지 않는 것을 보고 괘씸한 생각이 들어 갑자기 교재에 이름을 적어 제출하도록 한 후 교재에 메모가 되어 있지 않은 직원들은 전원 감봉처분을 한 적이 있었다는 것이다. 불이익을 받지 않기 위해서 열심히 메모를 했던 것이다.

더 놀라운 일도 있었다. 이 회사는 식당에 잔반이 없다고 했다. 잔반이 버려지는 것을 목격한 CEO가 그것을 가져오라고 한 후 임원들에게 직원들이 보는 앞에서 같이 먹자고 했다. CEO가 숟가락을 들고 솔선하니 임원들도 어쩔 수 없이 먹어야 했다. 그 사건 이후 잔반이 없어졌다고 한다. 회사에는 이 외에도 말로 다 소개하기 어려운 기이한 일들이 적지 않았다. 그로부터 얼마 뒤 CEO가 구속되었다는 뉴스를 들었다. 아마도 CEO의 잘못된 결정에 대하여 No라고 말할 수 있는 경영진과 직원들이 없었던 모양이다.

최근 세계 최대의 차량 공유 서비스업체로 690억 달러의 기업 가치를 자랑하던 우버의 창업자 겸 CEO인 트래비스 캘러닉이 중국에서의 실적 부진, 직장 내 성추문 사건에 대한 잘못된 대응으로 인재들이 떠나고 회사의 가치가 급전직하하는 와중에 어머니의 사고사까지 겹치자 물러나겠다고 공표했다. 〈뉴욕타임스〉는 성과지상주의의 실리콘밸리 문화에 경종을 울리는 사건이라고 지적하면서 "캘러닉을 나락으로 이끈 책임은 그에게 제대로 조언 한마디 하지 않은 회사 임원들과 투자자들에게도 있다"고 보도했다. 그의 리더십이 어떠했는지를 보여주는 단면이다.

위 사례는 반대 의견을 받아들이지 않는 리더들이 어떤 상황을 초래할 수 있는지를 단적으로 보여준다. 그러한 의미에서 리더에게 가장 불행한 일은 예스맨만 있고 진정으로 반대하는 직원들이 없는 것이다. 반대 의견을 수용하고 경청하는 리더여야 한다. 피드백을 듣지 않으면 죽는다.

침묵의 끝 / 김찬배

경영자가 잘못된 결정을 했다
나는 침묵했다
나는 임원이 아니었으니까

임원이 오판을 했다
나는 침묵했다
나는 팀장이 아니었으니까

팀장이 잘못 알고 있었다
나는 침묵했다
나는 사원이었으니까

회사가 중대한 위험에 빠졌다
나는 침묵했다
그것이 우리 회사의 문화였으니까

나를 지켜줄 사람도
나를 지켜줄 회사도
남지 않았다

※ 루터교 목사이자 신학자인 독일의 마르틴 니묄러가 썼다고 하는 '나치가 그들
을 덮쳤을 때'라는 시를 패러디한 것이다.

건강한 조직을 만드는 호소문화

2007년 한 유명 대기업에 입사했던 직원이 1년 만에 회사를 떠나며 남긴 장문의 글이 화제가 된 적이 있었다. 그중 일부를 소개한다.

회사에 들어오고 나서 이해할 수 없는 일들이 참 많았습니다.

술들은 왜들 그렇게 드시는지, 결제는 왜 법인카드로 하시는지,

전부 다 가기 싫다는 회식은 누가 좋아서 그렇게 하는 것인지,

정말 최선을 다해서 바쁘게 일을 하고 일과 후에 자기계발하면 될 텐데,

왜 야근을 생각해놓고 천천히 일을 하는지,

실력이 먼저인지 인간관계가 먼저인지, 이런 질문조차 이 회사에서는 왜 의미가 없어지는지….

상사(商社)라는 회사가 살아남으려면 도대체,

문화는 유연하고 개방적이고 창의와 혁신이 넘치고 수평적이어야 하며,

제도는 실력과 실적만을 평가하는 냉정한 평가보상제도를 가지고 있어야 하고,

사람들은 뒤처질까 나태해질까 두려워 미친 듯이 일을 하고, 공부를 하고,

술은 무슨 술인가,

컨디션을 조절하면서 철저하게 자기관리를 하더라도,

도대체 이렇게 해도 5년 뒤에 내 자리가 어떻게 될지,

10년 뒤에 이 회사가 어떻게 될지 고민에, 걱정에 잠을 설쳐야 한다고 생각했는데,

도대체 이 회사는 무얼 믿고 이렇게 천천히 변화하고 있는지, 어떻게 이 회사가 돈을 벌고 유지가 되고 있는지,

저로서는 도저히 이해할 수 없었습니다.

이 글을 소개하는 이유는 해당 기업을 비난하기 위해서가 아니다. 대한민국의 거의 모든 기업에 해당되는 쓴소리라는 생각에 소개하는 것이다.

이미 10년 전의 글이지만 지금 읽어도 고개를 끄덕이게 하는 내용이다. 이 직원이 어떤 사람인지는 모르겠으나, 그의 글은 많은 생각을 하게 한다.

우리 기업들은 그때와 비교해서 더 나아졌을까? 이런 직원들을 품을 수 있는 직장은 없는 것일까? 이런 직원들의 생각을 들어줄 수 있는 리더들은 어디에 있을까? 이런 직원들이 능력을 마음껏 발휘

하여 조직의 발전에 기여하게 할 수는 없을까?

완벽한 조직은 없지만 최선의 결정은 있다

현재 나는 P&C긍정변화컨설팅의 일원으로 세계적인 성품개발 전문 교육기관인 IBLP와 제휴하여 비즈니스 성품개발 프로그램을 보급하고 있다. 이 프로그램은 성품개발의 중요 요소로 호소(appealing)를 강조한다. 호소란 누가 실수를 했거나 새로운 사실을 발견했을 때 알려주는 행위를 말한다.

조직에는 호소문화가 필요하다. 사람은 완벽한 존재가 아니기 때문에 누구나 오류를 범할 수 있고 잘못된 판단을 내릴 수 있다. 직급이 높아진다고 해서 통찰력이 뛰어나게 깊어지는 것도 아니다. 따라서 구성원들이 자유롭게 호소할 수 있는 분위기를 만들어 문제를 예방하고 더 나은 선택이 이루어지도록 해야 한다.

호소문화가 정착되면 리더와 구성원들 사이에 벽이 사라지고, 건설적인 토론이 가능해지며, 생산적인 아이디어들이 순환된다. 자연스럽게 소통이 원활해진다. 어쩌면 소통은 호소문화에 달려 있다고 볼 수 있다.

호소문화를 정착시키려면

호소문화를 정착시키려면 심리적 안전감을 확보해주는 것이 관건이다. 반대 의견을 냈을 때 부정적 낙인이 찍히게 되면 구성원들은 심리적 위험감(psychological danger)을 느끼게 되고 다양한 관점

심리적 위험감

반대 의견 제시에 대한 두려움
실수 인정에 대한 두려움

상식적 수준의 업무
혁신 기회 상실
불만 누적

타인 비난하기
낙인 찍기

다양한 관점의 공유가
일어나지 못함

심리적 안전감

편안하게 반대의견 제시
편안하게 실수 인정

더 나은 혁신 &
의사결정

다름에서 배우기
실패에서 배우기

다양한 관점의
아이디어 공유

의 공유는 물건너간다. 혁신의 기회는 날아가버리고 직원들의 불만
은 누적된다. 말해봐야 손해라는 생각에 묻지 않으면 말하지 않는
반혁신적 조직문화가 똬리를 트는 악순환이 일어난다.

하지만 반대 의견을 이야기해도 불이익을 받지 않는다는 확신이
있으면 구성원들은 심리적 안전감(psychological safety)을 느끼게
된다. 다름을 인정하고 실수나 실패에서 배우면서 다양한 관점을 공
유하여 결과적으로 더 나은 혁신과 질 높은 의사결정이 가능해진다.
이런 상태가 되면 구성원들의 아이디어가 폭발적으로 늘어나 혁신적
기업으로 발전하는 선순환이 만들어진다.

호소하는 직원을 쫓아낸 임원

한 기업의 임원이 소통을 강화하겠다고 마음먹고는 임직원 간담
회 시간을 마련하라고 지시했다. 간담회 후 회식을 하는 것으로 일
정이 잡혔다. 직원들은 임원이 어떤 말을 할까 기대하는 마음으로

간담회에 모였다. 임원은 밝은 표정으로 앞으로 소통을 강화하겠다는 구상을 발표했다. 말을 마친 임원은 "오늘 하고 싶은 말이 있으면 다 해보라고. 오늘 하는 이야기는 다 들어줄 테니…"라며 발언을 독려했다. 입을 여는 직원이 없자 H대리를 지목하고는 "할 말이 있으면 해보지?"라고 권유했다. H대리는 오늘은 임원이 자기 입으로 한 말도 있으니 잘 들어주리라 기대하고 업무 추진 과정에서 평소에 생각하고 있었던 몇 가지 문제점을 이야기한 후 해결책을 제안했다. 임원은 당황하는 기색이었지만 모처럼 마련한 소통의 자리라는 생각에 "역시 H대리는 생각이 바르단 말이야"라며 띄워주었다. 그렇게 간담회가 끝나고 임원과 직원들은 저녁을 함께했다. 문제는 다음 날이었다.

팀장회의 자리에서 임원이 H대리의 팀장에게 "어제 간담회에서 H대리가 비판적인 이야기를 하던데, 그 친구 시각이 부정적인 거 아냐?"라고 물었다. 팀장은 능력 있고 열심히 일하는 친구라고 방어해주었지만 임원은 그 뒤로 H대리를 불편하게 대했다. 결국 H대리는 회사를 떠나고 말았다. 자신을 꺼리는 임원 밑에서 무슨 희망이 있겠느냐고 생각했기 때문이다.

윗사람이 직원의 진정성을 의심하거나 부정적으로 받아들인다면 직원들은 심리적으로 위험을 느껴 더 이상은 호소하려 들지 않게 될 것이다. 호소문화가 정착되지 않는 핵심 원인이 여기에 있다.

호소를 받는 리더가 유념해야 할 6가지

대리가 팀장에게 팀장이 결정한 일에 중대한 문제가 예상되므로 재고해달라고 호소했다. 팀원들도 대부분 같은 생각이라는 말도 전했다. 팀장은 대리의 말을 듣고 영 기분이 좋지 않았다. 저녁에 동료 팀장을 만나 속내를 털어놓으니 가재는 게 편이라고, 버릇없는 대리라며 팀장의 편을 들어주었다.

이런 팀장들이 속해 있는 조직에서는 호소문화가 자리 잡지 못한다. 리더의 부정적인 태도는 호소를 차단시킨다. 호소를 듣는 리더의 태도가 중요하다. 호소가 서로에게 도움을 주고 조직의 건강에 기여한다는 확신을 갖게 해야 한다. 이를 위해 리더는 다음 사항에 유념해야 한다.

첫째, 호소하는 직원의 진정성을 믿어라. 직원이 상사에게 호소하기란 쉬운 일이 아니다. 그러므로 호소에는 대개 진정성이 담겨 있다. 설사 리더의 생각과 다를지라도 직원의 진정성을 무시하거나 비하하지 말고 믿고 들어주어야 한다.

둘째, 호소하는 직원을 칭찬하라. 호소하는 용기에 찬사를 보내고 다음에도 호소할 일이 생기면 주저하지 말고 언제든 호소할 수 있게 격려해주어야 한다.

셋째, 호소하는 내용에 대해 질문하거나 요약해주어라. 무엇을 호소하는지 정확하게 파악하려면 질문을 하거나 들은 내용을 요약해주어 소통의 오류를 방지해야 한다.

넷째, 추가 의견을 물어라. 호소한 것 외에 하고 싶은 말이 더 있는지를 물어서 더 많은 이야기를 할 수 있도록 권장하는 분위기를 만들어주어야 한다.

다섯째, 감사를 표하라. 호소를 듣고 나면 찾아준 것에 감사의 말을 전하며 직원의 호소가 서로에게 유익했다는 것을 알게 해주어야 한다.

여섯째, 비밀 유지에 신경 써라. 호소 내용 중에는 당사자의 프라이버시에 속하거나 공개적으로 밝히고 싶지 않은 부분이 있을 수 있다. 다른 사람에게 알려지지 않도록 비밀 유지에 주의하여 신뢰에 금이 가는 일이 없도록 해야 한다.

호소하는 사람이 알아야 할 6가지

호소는 당사자가 어떤 태도와 전달 요령을 갖고 있느냐에 따라 효과를 발휘할 수도 있고, 관계를 악화시키는 악재가 될 수도 있다. 호소하는 사람이 명심해야 할 사항은 다음과 같다.

첫째, 평소에 신뢰받는 행동을 하라. 호소는 신뢰가 전제되어야 한다. 신뢰받지 못하는 사람의 호소는 불신만 가중시켜 역효과를 낳는다. 평소에 책임을 다해 성과를 내는 등 신뢰를 쌓아야 한다.

둘째, 상사의 권위를 인정해야 한다. 상사가 항상 옳은 것은 아니지만, 상사의 권위를 인정해주어야 한다. 상사도 인간이기 때문에 권위를 무시하는 듯한 뉘앙스로 호소할 경우에는 받아들이기 어렵다.

셋째, 좋은 의도를 가져라. 좋은 의도의 호소는 듣는 사람의 입장에서 당장은 불편할지 몰라도 시간이 지나면 진심이 전달된다. 사적인 이익을 꾀하거나 상사를 망신시키겠다는 의도를 갖고 하는 호소는 설사 옳은 말이라 하더라도 성공하기 어렵다.

넷째, TPO를 생각하라. 어떤 일에서건 TPO, 즉 때(Time)와 장소(Place), 상황(Occasion)을 감안하여 그에 맞게 처신해야 한다.

다섯째, 사실에 입각하라. 정확한 사실에 근거하여 객관적으로 호소해야 효과를 볼 수 있다. 개인의 주관적 감정을 실은 호소는 일을 그르칠 가능성이 크다.

다섯째, 상사의 결정을 존중하라. 모든 호소를 상사가 받아주어야 하는 것은 아니다. 최종 결정은 결국 상사가 내린다는 것을 인정하고 결정 사항을 존중하고 따라야 한다.

여섯째, 상사에게 감사를 표하라. 호소를 들어주는 것만으로도 상사는 훌륭하다. 호소가 관철되지 않았더라도 자신의 호소에 귀를 기울여준 것에 대해 감사와 존경을 표하라. 앞으로도 호소해야 할 일은 많으므로 호감을 얻을 수 있도록 행동하라. 상사가 직원의 말을 들어봐야겠다고 생각하게 되는 것은 호소하는 직원의 태도와 행동에 달려 있다.

소통은 거리에 반비례한다

만약을 이야기하는 것은 소용없는 일이지만, 만약 청와대의 대통령 집무실과 비서실이 한 건물 안에 있었다면 대통령 탄핵이라는 비극적인 상황은 초래되지 않았을지 모른다. 박근혜 정부 내내 소통 부재에 대한 지적이 있었는데, 대통령 자신의 성향이 일차적인 문제이겠지만 건물 배치 자체부터가 소통 장애를 조장한다는 청와대 근무자들의 지적도 있었다.

대통령이 일하는 본관과 참모들이 근무하는 비서동이 꽤 떨어져 있어서 본관에서 대통령이 참모를 부르면 자동차로 5분, 뛰어가면 15분이 걸린다는 뉴스를 본 적이 있다. 공간 배치가 이러니 대통령과 비서들이 얼굴을 보기가 쉽지 않았을 것이다. 역대 대통령들이 이런 불편함을 없애기 위해 본관과 비서동을 한 건물로 짓는 것이 좋겠다는 생각을 했지만, 국회에서 예산을 배정해주지 않거나 사정이 생겨 실행하지 못했다고 한다. 박근혜 정부 때는 거꾸로 국회가 나서서 예산을 줄 테니 건물을 다시 지으라고 했는데도 청와대가 문제없다며 거절했다고 한다. 이러니 소통이 잘 될 리가 없다.

오바마 전 미국 대통령이 퇴임을 앞두고 동영상으로 백악관을 공개한 적이 있다. 집무실과 비서실은 한 건물에 있고, 건물 옆에 있는 일명 '45초 복도'를 지나면 관저가 나온다. 오바마는 대통령직을 수행하면서 가장 좋았던 것 중의 하나가 '출퇴근 시간이 짧은 것'이라고 말했다는데, 백악관과 청와대의 구조만 보아도 두 나라의 소통 수준을 알 수 있을 것 같다. 하지만 최근 문재인 대통령이 취임한 후 비서들이 근무하는 건물로 집무실을 옮겨 자유롭게 소통하면서 여러 가지 면에서 긍정적인 현상이 나타나고 있다고 하니 우리 사회의 소통문화 확산에 크게 기여할 것으로 기대된다.

거리는 소통에 직접적인 영향을 미친다. 온라인으로 소통하면 된다고 하는 사람도 있지만, 얼굴을 마주 보며 하는 소통과 그렇지 않은 소통은 효과 면에서 큰 차이가 있다. 소통을 활성화하려면 물리적 거리와 심리적 거리를 줄이는 노력을 계속해야 한다. 소통은 거리에 반비례하기 때문이다.

물리적 거리와 창의성의 상관관계

최근 '워크 스마트(work smart)'에 대한 관심이 높아지고 있다. 스마트라는 용어 때문에 첨단 IT기술이 적용된 사무 공간을 떠올리기 쉽겠지만, 진정한 의미의 워크 스마트는 직원들이 아이디어를 마음껏 제출하는 환경 속에서 자유롭게 토론하는 가운데 스마트하게 일하는 것이다. 따라서 워크 스마트는 사무실 공간을 창의적인 환경으로 바꾸는 것으로부터 출발한다. 아이디어가 나오려면 직원들이 서로 활발히 소통하고 협력할 수 있는 공간을 꾸며야 한다. 삼성경제연구소가 발간한 〈워크 스마트 실천 방안 연구〉에 따르면, 물리적 거리가 가깝고 시야에 들어오는 사람의 수가 많을수록 직원들 간 소통의 빈도가 증가하여 창의성이 잘 발휘되는 것으로 나타났다.

대표적인 예로 애니메이션 제작사인 픽사(Pixar)를 들 수 있다. 픽사의 본사 건물은 스티브 잡스가 설계 과정에 참여한 것으로도 잘 알려져 있는데, 건물 중앙 아트리움(atrium)에 화장실 4개, 회의실 8개, 식당을 배치하여 직원들이 어디에서 일하건 이곳을 지날 수밖에 없도록 했다. 공간적으로 떨어져 있는 직원들이 얼굴을 마주치면서 자연스럽게 소통하게 되고, 결과적으로 창의성이 배가된다는 믿음에서 그렇게 만든 것이다.

미국의 금융회사 SEI인베스트먼트도 사무실을 하나의 공간으로 만들고, 직원들이 자주 마주치는 곳에 휴게 공간을 여러 개 배치했다. 또 의자에 바퀴를 달아 직원들이 이동하기 쉽도록 했다. 초기에는 자기만의 공간에 익숙해 있던 고위 직급에서 불만이 많아 이직이 속출하기도 했으나, 정착된 후에는 직원들 간 소통이 활발해져 의사결정이 빨라지고 업무 몰입도가 올라가 성장률이 획기적으로 높아졌다고 한다.

칸막이로 막힌 사무실의 벽을 허물어 부서 간 소통의 기회를 확대하고, 구성원들이 편안하게 만나 대화할 수 있는 공간을 만들어주고, 임원실 문을 개방하여 직원들이 언제든 찾아갈 수 있게 하는 등 물리적 거리를 줄이기 위한 노력이 필요하다.

심리적 거리를 줄이는 방법

심리적 거리는 개인 간 또는 부서 간에 느끼는 멀고 가까움의 정도를 말한다. 공유하는 정보나 공감하는 부분이 많을수록 심리적 거리가 가깝다고 할 수 있다. 물리적 거리를 줄이는 노력이 소통을 활성화하는 데 도움이 되지만, 심리적 거리가 멀다면 오히려 더 심각한 문제를 야기할 수 있다. 따라서 물리적 거리를 줄이려는 노력 못지않게 심리적 거리를 줄이는 노력을 병행해야 한다.

회사에서는 직급 간 거리가 멀수록 심리적 거리도 멀어질 가능성이 높다. 사원이 상사에게 다가가는 것은 어렵다. 따라서 상사가 사원에게 먼저 다가가 심리적 거리를 줄여주는 수밖에 없다. 몇 가지 방법을 소개한다.

이름을 불러주어라

세상에서 가장 아름다운 명사는 그 사람의 이름이라는 말이 있다. 사람은 자신의 이름을 기억해서 불러주는 이에게 호감을 느낀다.

2006년 국제특송업계 최초의 한국인 여성 지사장으로 부임한 채은미 대표는 주위 사람들을 끌어들이는 매력으로 10년 이상 페덱스

코리아를 이끌어오고 있다. 그녀가 남성적이고 거친 이미지의 물류 업계에서 롱런하는 비결 중 하나는 직원들의 얼굴과 이름을 일일이 기억하고 있다가 이름을 불러주며 관심을 보이는 것이다. 본사뿐만 아니라 지방 사업장에서도 똑같이 한다.

신입사원들이 들어오면 사진과 이름을 보고 또 보며 외우는 경영 자도 있다. 신입사원과 마주치면 이름을 불러주고 잘 적응하고 있는 지 물어본다. 이 같은 사장의 관심과 배려에 신입사원들은 놀라워하고 존경심을 갖게 된다.

이름을 못 외운다고 말하는 분들이 있다. 못 외우는 것이 아니라 외우려는 노력을 충분히 하지 않는 것은 아닐까?

상석을 없애라

2011년 오사마 빈 라덴 사살 작전이 전개될 때였다. 미국 백악관 상황실에서 작전 수행 광경을 실시간으로 지켜보는 오바마 대통령과 안보 관련 각료들의 모습이 공개되었다. 눈길을 끈 것은 오바마 대통령이 앉은 자리였다. 그는 누가 봐도 상석이 아닌 한쪽 언저리에 앉아 있었고, 중앙의 상석은 작전 지휘관들이 차지하고 있었다. 업무의 효율성을 높이기 위해 작전의 실질적 관리자를 중앙에 앉게 한 것인데, 우리로서는 상상하기 어려운 일이다.

최근 국무회의나 청와대 수석회의에서 대통령이 양복을 벗고 커피도 스스로 따르는 모습을 볼 수 있다. 좋은 시도이고 바람직한 일이다. 회의할 때나 회식에서도 상석을 정해놓고 서열에 따라 앉게 하는 전통적 방식보다는 들어오는 순서대로 자유롭게 자리를 잡는 것도 심리적 거리를 줄이는 방법이 될 수 있다. 마음을 편하게 할 뿐만 아니라 옆에 앉는 사람이 수시로 바뀌게 되므로 소통의 기회를 확대할 수 있다. 사소해 보이는 것들이 사실은 큰 것이다.

작은 원탁을 활용하라

세계적인 첨단 화학기술을 보유한 타이완의 융광화학의 설립자이자 명예회장인 천딩촨의 사무실에는 두 개의 탁자가 있다고 한다. 하나는 회장의 책상이고 하나는 창가에 비치된 작은 원탁인데, 직원들이 보고나 상담을 위해 회장실에 들어오면 그 작은 원탁에 나란히 앉아 대화를 나누었다고 한다. 책상 앞에 직원을 세워놓고 대화하면 권위적인 느낌을 주어 직원들이 자유롭게 말하기가 어렵기 때문이다. 천 회장은 회장과 직원의 관계가 아니라 동등한 위치에서 소통하고자 했고, 직원들은 그런 회장의 노력으로 존중받는 느낌 속에서 자유롭게 의견을 개진할 수 있었다.

탁자와 같은 도구 하나만으로도 소통을 한층 강화할 수 있다는 사실을 일깨워주는 사례다.

직원들의 고충에 귀 기울여라

리더는 회사의 방침이나 경영진의 생각만 전달하는 데서 그치지 말고 직원들이 무엇을 어려워하고 있는지를 살펴야 한다. 고충을 듣고 해결해주기 위해 노력하다 보면 직원들이 스스로 마음의 문을 열게 된다.

세계적인 제약회사 화이자의 제프 킨들러 회장은 아침에 출근할 때 바지 왼쪽 주머니에 동전 10개를 집어넣는다. 하루 동안 직원들과 대화를 얼마나 나누었는지 확인하고 충분히 들었다고 판단되면 동전을 하나씩 오른쪽 주머니로 옮겼다. 직원들의 고충을 이해하고 소통하는 데 많은 시간을 할애한 것이다.

비공식적 활동을 적극 장려하라

조직행동론과 리더십 분야의 대가인 제프리 페퍼와 로버트 서튼 스탠퍼드대 경영대학원 교수는 그들의 공저 《왜 지식 경영에 실패하는가(The Knowing-Doing Gap)》라는 책에서 "조직에서 이루어지는 학습의 70% 이상은 비공식 네트워크와 사회적 접촉을 통해 이루어진다"고 했다. 미국의 선마이크로시스템스 수석 부사장인 캐리 윌리어드도 비슷한 이야기를 했다. 그는 종업원의 학습은 공식적인 경로(10%), 비공식적인 경로(70%), 멘토링(20%)을 통해서 이루어지고 있는데, 학습 예산은 각각 80%, 5%, 15%로 배정되어 있다고 하면서 예산과 인재의 적절한 배합을 고민해야 한다고 주장했다.

공식적인 경로를 통한 정보 교환이나 소통보다 비공식적 경로를 통한 학습과 소통이 더 효과적일 수 있다. 그런 면에서 동호회나 자발적 학습조직 등의 활동에 대한 지원을 보다 확대하고 적극적 참여를 독려할 필요가 있다.

녹색등(green light)을 켜라

리더는 직원들에게 사무실을 개방할 테니 언제든 찾아오라고 말하지만, 실상 직원들이 경영자나 상사의 사무실을 찾기란 좀처럼 쉬운 일이 아니다. 언제가 좋을지 가늠하기 어려운 것도 직원들을 주저하게 만든다. 상사가 한창 바쁠 때나 마음이 언짢을 때는 피하는 것이 좋기 때문이다. 이를 보완할 수 있는 방법이 녹색등을 활용하는 것이다. 직원들과 편하게 대화할 수 있는 여건이 될 때 상사가 녹색등을 켜서 표시해주면 된다.

회식 자리에서는 들어라

한 회사의 새내기 직원들을 대상으로 강의하다가 임원이나 팀장이 주관하는 회식에 가고 싶으냐고 물은 적이 있다. 대다수가 싫다고 했다. 이유를 들어보니 업무의 연장이 되기 때문이었다. 하루 종일 업무를 보느라 피곤하고 스트레스가 쌓여 있는데, 회식 자리에서까지 훈시를 듣거나 잘해보자는 결의를 다지게 되니 꺼리는 것이다.

회식은 직원들이 주인공이 되는 자리여야 한다. 상사는 직원들이 이끄는 대로 따라주고, 분위기에 맞추어 신나게 놀아주고, 자신의 입은 닫고 직원들의 말에 귀를 열어야 한다. 또한 지나친 음주나 언행으로 직원들의 심신이 피곤해지지 않도록 절제하는 분위기를 유도하는 지혜를 발휘할 줄도 알아야 한다.

엉뚱한 일에 목숨 걸지 마라

한 IT기업에서 있었던 일이다. 이 회사의 CEO는 영어에 능숙했다. 매킨지로부터 컨설팅을 받은 적이 있었는데, 컨설턴트들의 보고를 받고 마음에 들어 매주 월요일마다 진행하는 회의에 참석하는 팀장들에게 매킨지처럼 보고하라고 지시했다. 모든 보고는 3분 안에 하고 매킨지의 형식을 따르도록 했다. 그런데 팀장들의 보고가 기대에 못 미치자 회의 때마다 프레젠테이션(PT)이 형편없다며 질책했다. 부사장도 예외가 아니었다. PT가 마음에 들지 않으면 다른 임원과 팀장들이 보는 앞에서 심한 말을 퍼부어댔다. PT를 맡은 팀장들은 주말에 잠을 제대로 잘 수 없을 정도로 심한 스트레스를 받았다. 그러다 탈이 나고야 말았다. 한 팀장이 정해진 시간인 3분을 한참 초과하자 CEO가 노발대발하며 PT 기술이 향상되지 않는 팀장들을 대상으로 최고의 강사를 모셔서 교육을 실시하라고 지시했다.

최고의 강사를 부르라고 했다는데 어쩌다가 내가 강사로 초청을 받았다. 사실 이런 교육은 부담이 매우 커서 피하고 싶기도 하다. 일회성 교육으로는 하루아침에 바뀌지 않는 법인데, 혹여 팀장이 CEO에게 "교육을 받았는데도 왜 이 모양이야!"라는 소리를 듣게 되면 본전도 못 찾을 수 있기 때문이다.

파일럿 과정을 거쳐 전 팀장을 대상으로 교육을 진행했는데, 다행히 성과가 기대 이상이었다. 그 일로 교육팀이 신뢰를 얻어 더 많은 교육을 할 수 있었다는 이야기도 들었다. 그 뒤 인사팀장을 만나 회사에서 PT와 관련된 이슈가 사라졌다는 말을 들었다. 실전 위주의 피드백 중심 교육이 효과를 보았던 모양이다.

일련의 과정을 지켜보면서 한편으로 안타까운 생각이 들었다. 오로지 CEO에게 잘 보이기 위한 PT 때문에 직원들이 필요 이상의 에너지와 시간을 들이는 것은 낭비일 뿐이기 때문이다.

알맹이 없는 영어회의

문제의 CEO는 그 후 그룹 계열사의 대표이사로 자리를 옮겼다. 들리는 말에 의하면, 그곳에서도 매주 월요일마다 업무보고를 받았고 "장표가 마음에 안 든다", "발표 기술이 형편없다"며 팀장들을 공포에 떨게 했다. 게다가 글로벌 기업이 되어야 한다며 모든 회의를 영어로 할 것을 주문했다. 유예기간을 두고 언제부터 영어회의를 한다고 예고하기는 했지만 막상 영어회의가 시작되고 나니 신기한 현상들이 벌어지기 시작했다. 직원들은 일단 한글로 보고서를 작성하여 팀장에게 보고한 후 수정해서 다시 보고하는 과정을 거듭했다. 또 영어회의에서 발언을 마친 팀장들은 자신의 의도를 직원들이 제대로 파악했는지 확인해야만 했다. 또한 안건에 대한 토론이 사라지고 오로지 발표 내용을 전달하는 것으로 회의가 끝나는 일이 빈번해졌다.

한번은 기회가 되어 한 직원에게 일이 잘되고 있느냐고 물어봤더니 자신은 오히려 편해졌다고 말했다. 전에는 팀장이 이것저것 확인하고 수정하는 경우가 많았는데 지금은 그런 일이 거의 없어졌다는 것이다. 직원보다 팀장이 영어를 잘하지 못하니 수정할 엄두가 나지 않았던 것이다.

나는 그때 이 회사 큰일 났다는 생각이 들었다. 결재는 단순히 상사의 사인을 받는 행위가 아니다. 결재 과정에서 직원들은 상사의 지식과 경험에서 우러나오는 노하우 등을 전수받는다. 학습과 성장의 기회가 된다. 그 중요한 과정이 생략되고 있으니 큰일 날 회사라는 생각을 했던 것이다.

독일의 언어철학자 비트겐슈타인이 "언어의 한계는 그 사람의 세계의 한계다"라고 말했듯이 회의에서도 참석자가 구사하는 언어의 한계만큼만 토론할 수 있고 그만큼만 알 수 있다. 모국어가 아닌 외국어로 회의를 할 경우 논의의 수준이 직원들의 외국어 수준에 머물 수밖에 없으므로 자칫 논의 과정이 생략되거나 불충실해질 가능성이 크다.

결국 이 회사는 경쟁사들에 밀려 혹독한 시간을 보내야 했고, CEO는 실적 부진으로 자리에서 물러나게 되었다. 비본질적인 부분에 에너지를 낭비한 탓에 엄청난 대가를 치른 것이다.

우리 대표님은 보고서를 없애라고 하셨어

대기업의 빌딩들에는 매일 밤늦은 시간까지 불이 켜져 있다. 어떤 회사의 팀장은 전화를 할 때마다 회사라고 한다. 이렇게 열심히 일을 하는데 왜 우리나라 기업들의 업무 생산성은 선진국에 비해 현저히 떨어지는 걸까? 쓸데없는 일들을 많이 하기 때문은 아닐까?

내가 보기에는 보고서 탓이 크다. 보고서 때문에 낭비되는 시간이 만만치 않다. 물론 보고서를 잘 쓰는 것은 중요한 일이다. 하지만 그다지 중요하지 않은 경우에도 보고서 작성에 목숨 거느라 낭비되는 시간이 지나치게 많은 것 같다.

그에 반해 생산적인 리더십으로 모범이 되는 경영자도 있다. 2004년 LG생활건강 사장으로 부임한 후 탁월한 경영 능력을 인정받고 있는 차석용 부회장은 보고서를 받지 않는 것으로 유명하다. 보고할 일이 있는 직원은 보고서 대신 메모지에 적어 대화하도록 한다. 교육기업 휴넷의 조영탁 대표도 파워포인트 대신 워드로 보고서를 작성하게 하여 직원들의 부담을 줄여준다. 직원들은 신이 나서 우리 부회장님, 우리 사장님 하면서 경영자를 자랑한다. 우리나라 기업에서 직원들이 경영자를 너도나도 칭찬하는 것은 보기 드문 일이어서 실명을 공개한다.

보고서라는 틀에서 벗어나 대화를 더 많이 나눌 수 있게 하는 것이 효과적이다. 편하게 앉아서 대화하다 보면 생각이 정리되고 교환되는 아이디어들의 융합을 통해 더 혁신적인 방안이 만들어질 수 있다. 보고 형식만 바꾸어도 어마어마한 일이 일어날 것이다.

회의는 받아쓰기 자리가 아니다

회의도 마찬가지다. 망하는 회사의 공통적인 특징 중 하나는 회의가 많은 것이다. 그런데도 여전히 회의가 많다고 한다. 회의에 문제가 있다는 이야기를 하면서 이를 혁신하지 못하는 이유가 무엇일까?

회의를 근본적으로 혁신하는 가장 확실한 방법은 회의를 없애는 것일지 모른다. 그래도 회의가 필요하다면 회의 자료를 만들지 않는 것을 생각해볼 필요가 있다. 회의 자료는 대부분 다 아는 내용이다. 필요한 자료는 회의 시작 전에 공람하여 내용을 파악하고 들어오게 한 후 핵심적인 쟁점이나 중요 사항만 토론하면 될 텐데, 자료를 읽느라 시간을 허비한다.

우리 국민은 지난 정부에서 대통령이 지시하고 장관과 수석은 열심히 받아 적는 국무회의 장면만 보아왔다. 그러다가 새 정부 들어서 문재인 대통령과 수석들이 회의하는 모습을 보고 신선한 충격을 받았다. 정해진 자리도 없고, 적지 않아도 된다. 거수기 노릇을 할 필요도 없다. 비서실장이 반대 의견을 말씀드려도 되느냐고 하자 "반대를 얘기하는 것은 되고 안 되고의 문제가 아니라 여러분의 의무"라고 말하는 대통령의 모습에서 소통을 갈망했던 지난 시대를 상기하며 새로운 시대의 희망을 보게 된다. 지난 정부의 모 수석이 대통령의 말씀을 떠받들어 거의 사초(史草) 수준으로 기록한 수첩이 부메랑이 되어 자신이 모신 대통령을 어려움에 빠뜨리는 결정적 단서가 된 현실의 아이러니 속에서 180도 뒤바뀐 청와대의 모습을 보며 진작 이렇게 하면 될 것을 왜 하지 못했을까 하는 안타까운 마음이 든다.

그런데 우리나라 기업들에서 과거의 권위주의적 관행들이 그대로 반복되고 있다는 이야기를 종종 듣는다. 최근에도 비슷한 광경을 목격했다. 모 기업에 강의하러 갔는데 갑자기 임원 특강이 배정되었다는 말을 들었다. 이곳에서는 직원들이 공식적인 모임에 참석할 때 다이어리를 지참하는 것이 불문율로 되어 있었다. 그날도 한 직원이 지방에서 왔는데 다이어리를 갖고 오지 않아 다른 사람의 것을 빌려와서 겨우 살았다고 했다. 과거에 다이어리 때문에 위험에 처한 직원이 있었던 모양이다. 나는 그날 일찍 도착하여 진행실에서 임원이 주재하는 회의를 잠깐 모니터링했는데, 모든 직원이 열심히 적기만 하고 질문하는 사람은 한 사람도 보이지 않았다. 회의는 적는 자리가 아니라 토론하는 자리인데 말이다.

형식보다 내용, 비본질보다 본질

조직이 거대해지면 복잡성의 증가로 업무 속도는 지연되고 비용은 급증한다. 과거의 불필요한 일들을 그대로 둔 채 새로운 일들이 쌓이고, 보여주기 위한 일들에 치중하면서 본질적인 업무를 놓치는 경우가 비일비재하기 때문이다. 모든 일을 단순화하여 본질에 충실할 수 있어야 한다.

세계지식포럼이나 학회 또는 조찬 강연에서 만나는 외국의 저명 인사들은 대부분 글자나 도형의 모양에 공을 들이지 않은 듯한, 핵심 정보만 담은 파워포인트 몇 장만 가지고 강의한다. 명성과 전혀 어울리지 않는 것 같은 양식을 가지고 강의를 하지만 누구도 그를 형편없는 강사라고 혹평하지 않는다. 회사의 홈페이지도 마찬가지다. 우리나라 기업들의 홈페이지는 디자인이 화려하다. 그러나 외국 기업들의 홈페이지에 들어가 보면 세계적인 기업인데도 의외로 간단하고 때로는 조악해 보이기까지 할 정도로 디자인되어 있는 경우가 많다. 진정으로 중요한 것은 형식이 아니라 본질, 즉 내용이라고 생각하기 때문이다.

엉뚱한 일을 하면서 밤늦게까지 일하는 것을 보며 일 잘한다고 인정하는 기업에는 미래가 없다. 성과를 내는 것은 겉의 아름다움과 멋진 발표 기술이 아니라 아이디어와 내용, 실행력이다. 비본질이 본질을 우선하는 우리 사회 곳곳의 그릇된 관행을 떨쳐버리지 않고서는 늦은 밤까지 열심히 일하는 것에 만족하며 살아야만 한다. 누군가에게 보여주려고 하는 일의 대부분은 회사를 위해 아무런 도움도 되지 않을 뿐 아니라 미래와도 별 관련이 없다. 형식보다는 내용과 속도가 더 중요하다.

우리 회사에서 가장 불필요한 일은 _____이다.

성공하는 리더에게는 여백이 있다

기업을 방문하여 경영자를 만나면 빽빽하게 꽉 채워진 스케줄을 보여주며 바쁘게 산다고 자랑처럼 이야기하는 경우가 있다. 그런데 이런 리더들이 반드시 일을 더 잘하는 것은 아니라는 연구 결과가 있다.

비효율적 효과성을 추구하라

변화관리의 대가로 잘 알려진 하버드대학의 존 코터 교수는 휴대용 카메라를 들고 경영자들이 어떻게 살아가는지 관찰한 적이 있었다. 그리고 성공하는 경영자들의 상당수가 매우 비효율적으로 행동한다는 사실을 발견했다. 심지어 전혀 일이라고 할 수 없는 것들을 하기도 했다. 여기저기 돌아다니며 이런저런 사람들을 만나 대화를 나누거나 사무실을 배회하기도 하고 사람들이 왔다 갔다 하는 공항에서 계약을 체결하기도 했다. 우연히 만난 사람들에게서 정보를 얻고 관계를 형성시켜나갔으며, 어떤 때는 회사의 중요 정책들을 설명하거나 동참을 호소했다. 어떻게 보면 일을 하는 것이 아니라 사람들을 만나 잡담을 즐기는 것 같았다. 코터 교수는 이 연구를 통해 성공하는 경영자나 관리자는 스케줄에 공백이 많은 반면, 실패하는 경영자는 회의, 출장, 전화회의, 프레젠테이션 등으로 가득한 스케줄을 갖고 있다는 점을 밝혀냈다.

그 이유가 무엇일까? 공식적인 스케줄을 통해 만나는 사람들이 제공하는 정보는 잘 보여주기 위해 가공되거나 이미 잘 알고 있는 내용일 가능성이 높다. 하지만 의도하지 않은 만남을 통해서 얻은 정보는 새로운 것이거나 남다른 관점을 제시해주는 것일 확률이 높다. 또한 그런 만남이 많은 경영자는 열린 마음으로 소통하는 기회를 더 많이 가질 수 있다.

비효율적으로 보이는 행동들이 더 좋은 결과를 가져올 수 있다. '비효율적 효과성(inefficient effectiveness)'에 주목할 필요가 있다.

박 회장의 여백이 잘나가는 회사를 만들었다

개인적으로 존경하는 천지세무법인 박점식 회장은 자선단체와 문화단체 등에 대한 기부를 비롯하여 훌륭한 일을 많이 하는 분이다. 몇 년 전 제주에 집을 짓고는 일주일의 반은 그곳에서 생활하고 나머지 반은 서울에서 일하며 지내겠다고 선언했다. 회사는 어떻게 하느냐고 물었더니 대표이사와 직원들에게 맡겨놓으면 된다고 했다.

박 회장이 제주에 집을 짓게 된 것은 자녀 때문이었다. 자녀가 맑은 공기를 마시며 자연을 마음껏 누리면서 살게 하고 싶어서였는데, 빽빽했던 스케줄의 반을 비우고 나니 직원들과도 소통할 수 있는 여유가 생겼다. 그는 직원들을 제주에 초청하여 손수 요리한 음식을 함께 즐기고 대화를 나누면서 직원들이 평소 회사나 업무에 대해 어떤 생각을 갖고 있는지를 알게 되었고, 개인적으로 어떤 고민이 있는지도 듣게 되었다. 그동안 공식 회의와 세미나를 통해 전달된 비전은 액자 속의 것이었는데, 제주에서의 대화를 통해 직원들 개인의 비전과 회사의 비전이 통합되는 경험을 하고 있다. 직원들은 박 회장과 인간적으로 친밀해졌고, 박 회장도 직원들과의 대화를 통해 자신을 돌아보는 소중한 시간을 갖게 되었다. 직원들뿐 아니라 지인들도 초청하여 소통을 강화하다 보니 개인적으로 더 행복하고 회사도 잘나간다고 한다.

경영자에게도 혼자만의 시간이 필요하다

경영자들은 바쁘다. 업무보고도 받아야 하고 고객도 만나야 하니 바쁠 수밖에 없을 것이다. 그러나 경영자가 너무 바쁘면 심각한 문제가 생긴다. 큰 생각을 하거나 소통할 기회를 갖지 못하고, 세상의 변화를 통찰하지 못하고, 미래의 대비책을 강구하지도 못한다. 그런 회사는 발전을 기대하기 어렵다. 경영자에게 여유가 필요한 까닭이 여기에 있다. 독자적으로 사유할 수 있는 시간과 독립된 공간을 확보해야 한다.

LG생활건강의 차석용 부회장은 최근 한 언론과의 인터뷰에서 "근무시간 외에는 비서에게도 일정을 알리지 않으며, 휴일 출퇴근 시에는 법인차를 타지 않고 택시나 버스를 이용한다. 사내보고 시간도 오전 8~11시, 오후 1~4시로 제한해놓고 나머지 시간은 사내에 있더라도 '혼자만의 시간'을 고수한다"고 말했다. "새로움과 강한 임팩트를 낳으려는 절박함과 그런 고민을 극대화하려는 노력으로 봐줬으면 한다. 소비자를 어떻게 대할까, 어떻게 하면 소비자들에게 정말 재미있는 제품을 매일매일 줄 수 있을까 하는 절박함으로 고민하고 있다"는 것이다. 그는 미국의 유명 잡지 4개와 미용·헬스·리빙·럭셔리 분야의 여성 잡지 등 10여 개를 정기 구독하며, 매월 국내외 서적 10여 권을 읽는다고 한다. 이 정도의 노력이 있어야 고객들과의 눈높이를 맞출 수 있다는 믿음에서 그렇게 한다고 하는데, 경영자의 독립된 시간이 왜 필요한지를 실천적으로 보여준다.

혁신의 리더는 직원에게 배운다

  기업에서 사제지간이라고 하면 상사-부하 또는 선배-후배 관계를 생각할 수 있을 것이다. 하지만 과거의 경험과 지식이 한순간에 무용지물이 되기도 하는 이 시대에는 부하들이 더 많은 것을 알고 있을 가능성이 높다. 따라서 이제는 부하들을 배움의 대상, 즉 스승으로 여길 줄 아는 리더가 되어야 한다. 스승처럼 모시라는 의미가 아니라 부하들에게 도움을 요청하고 기꺼이 배우려는 자세를 가지라는 이야기다.

  잭 웰치 전 GE 회장은 임원들에게 직원들을 1:1로 매치하여 디지털 등 신기술을 배우도록 함으로써 전통적인 멘토링과는 반대로 부하가 멘토가 되고 상사가 멘티가 되는 역멘토링(reverse mentoring)의 효시가 되기도 했다.

직원들은 답을 알고 있다

범죄 혐의로 입건되는 유명 인사를 두고 그분은 절대 그럴 사람이 아니라고 말하는 사람을 본 적이 있을 것이다. 사회적 비난의 대상이 된 고위층 인물들을 보며 저 자리에 있는 사람이 왜 저런 행동을 했을까 의아하게 생각해본 적도 있을 것이다. 자신의 잘못을 정당화하거나 일체를 부인하며 항변하는 모습에 기가 찬 적 또한 있을 것이다. 알고 보면 이런 행동들은 권력의 속성과 깊은 관련이 있다.

로버트 서튼 스탠퍼드대 경영대학원 교수에 의하면, 그 사람의 성격이 어떻든 권력을 갖게 되면 다른 사람들을 지배할 수 있는 능력을 가졌다는 사실만으로 3가지 변화가 나타난다. 자신의 욕구와 필요에 더욱 집중하는 반면, 다른 사람의 욕구와 필요, 행동에 대한 관심은 줄어들며, 사람들이 따라야 한다고 여기는 공식, 비공식의 규칙들이 자신에게는 적용되지 않는 것처럼 행동하게 된다는 것이다. 폭력 없는 군대를 주장했던 장군이 공관병에게는 함부로 말하면서 양심의 가책을 느끼지 못하는 것도 마찬가지라고 할 수 있다.

권력을 쥐면 이 같은 '권력 중독(power poisoning)'에 빠지기 쉽다. 그것을 경계하지 않으면 실제로 잘 알든 모르든 자신이 조직 내의 모든 상황을 잘 알고 있다고 착각할 가능성이 높다. 이러한 현상을 '중심성의 오류'라고 하는데, 자신이 중심에 있기 때문에 영향력을 발휘하기 위해 필요한 모든 것을 당연히 알고 있다는 가정을 바탕으로 한다.

권력의 속성상 부하들은 항상 상사의 사소한 언행이나 의미 없는 행동까지 유심히 관찰하고 해석하면서 행간의 의미를 파악하고 쓸데없는 걱정을 하느라 과도하게 에너지를 소모하게 된다. 동물의 세계에서도 동일한 모습을 확인할 수 있다. 개코원숭이들을 관찰한 학자들에 의하면, 개코원숭이들이 20~30초에 한 번씩 수컷 우두머리를 바라보며 관찰한다고 한다. 수전 피스크 프린스턴대 심리학과 교수에 따르면, "사람들이 주시하는 방향은 위계질서의 위쪽을 향한다." 피스크 교수는 "사람들은 자신의 결과물을 통제하는 사람들에게 관심을 갖는다"며 "자신에게 어떤 일이 일어날지 예측하고, 그 결과에 영향을 미치기 위해 사람들은 권력을 가진 자에 관한 정보를 모은다"고 설명한다.

팀원들은 팀장을 바라보고, 팀장은 임원을 바라본다. 그래서 팀장의 문제는 팀원들이, 임원의 문제는 팀장들이 가장 많이 알 수 있다. 역으로 팀장은 팀원들을 잘 모를 수 있고, 임원 역시 그렇다. 따라서 좋은 리더가 되고자 한다면 직원들에게 물어야 한다.

"내가 잘하고 있는가?", "지금 내 판단이 옳은가?", "더 잘하려면 어떻게 해야 하는가?", "나의 문제는 무엇이라고 생각하는가?", "내가 뭘 도와주어야 하는가?", "지금 가장 중요하게 생각하는 게 뭔지 이야기해주겠나?"…

많은 기업에서 외부 전문 코치들로부터 코칭 프로그램을 도입하고 있는데, 어쩌면 가장 유능한 코치는 직원들일 수 있다. 가장 유능한 코치를 옆에 두고 많은 비용을 들여 외부 코치를 불러들이고 있는 것인지도 모른다. 유능하고 존경받는 리더가 되는 비결은 바라보는 방향을 바꾸어 아랫사람들에게 묻는 것일 수도 있다. 옛말에도 불치하문(不恥下問)이라고 했다. 아랫사람에게 묻고 배우는 것을 부끄러워하지 않아야 한다. 특히 요즘처럼 IT를 비롯한 새로운 정보가 하루가 다르게 쏟아져 나오는 시대에는 더욱 그렇다.

세상에서 가장 불행한 리더

골드만삭스 부회장을 역임한 로버트 캐플런 하버드 경영대학원 교수는 자신의 논문 〈거울 속 사람에게 무엇을 물어볼까(What to Ask the Person in the Mirror)〉에서 직위가 높을수록 소통 부재로 인한 고립의 섬에 빠지기 쉽다고 지적했다. 사다리를 타고 더 높이 올라가면 갈수록 자신에 대해 솔직한 답변을 듣기가 어려워지기 때문이라는 것이다. 긍정적 피드백을 해주는 사람은 많지만 부정적 피드백을 해주는 사람은 드물기 때문이다. 그는 관리자가 자신의 단점을 아는 방법으로 직원들에게 묻고 또 물으라고 하면서 자신의 경험담을 소개했다.

"내가 부하직원에게 피드백을 요청할 때면 그들의 첫 대답은 뻔합니다. '매우 잘하고 있다'는 답이 돌아옵니다. 그러면 나는 다시 묻습니다. '내가 무엇을 바꾸었으면 좋겠느냐?'고 말입니다. 돌아오는 답은 '생각나는 게 없다'는 것이죠. 다시 물어봐도 답은 똑같습니다. 나는 직원들에게 '우리는 시간이 많으니까 잠시 앉아서 생각해보자'고 말합니다. 이때쯤이면 직원들 이마에 땀이 흐르기 시작합니다. 어색한 침묵이 흐른 뒤에 부하직원들이 드디어 무엇인가를 말하기 시작합니다. 가끔은 충격적입니다. 듣기 싫은 비판이지만 그것이 진실이라는 것을 곧 알게 됩니다." (매일경제, 2010. 10. 1)

이벤트를 한답시고 '어디 한번 말해봐' 하는 정도로는 직원들의 진정한 피드백을 들을 수 없다. 부정적 피드백은 더 말할 필요도 없다. 하지만 피드백이 없으면 퇴보를 거듭하다가 결국 망하게 된다. 그런 면에서 직원들로부터 피드백을 듣지 못하는 리더는 가장 불행한 리더라고 할 수 있다.

유능한 리더로 만드는 'ALD 사이클'

어느 날 아들이 "CEO 하기가 쉬운가요?"라고 물었다. 기업에서 CEO는 가장 고독한 자리이고 책임감 때문에 가장 힘든 자리라고 설명했더니 삼성그룹이 대학생들을 위해 진행했던 〈열정락서〉라는 토크 콘서트에서 "CEO 하기가 가장 쉽다"고 말하는 분의 강의를 들었다고 했다. 그 주인공은 삼성물산 최치훈 사장이었다.

최 사장은 1995년 GE에 입사하여 12년간 근무하면서 6개 부문의 사장과 한국인 최초 GE본사 사장을 거쳐 삼성전자, 삼성SDI, 삼성카드에 이어 삼성물산 사장으로 활약하고 있다. 그의 롱런 비결이 무엇인지 궁금하여 강의를 들어보았다. 그는 GE에서 차장 시절 잭 웰치 회장으로부터 해양산업 분야의 홍콩법인을 맡아달라는 부탁을 받고 홍콩에는 아는 사람도 없고 지역에 대해서도 잘 모르기 때문에 처음에는 고사했다고 한다. 하지만 홍콩법인의 대표가 된 후 탁월한 성과를 인정받았다. 이후에도 새롭게 부임한 곳에서 경영을 매우 잘한다는 평가를 받았다. 최 사장에게 CEO는 쉬운 일이었을까? 그는 자신이 CEO 하기가 쉽다고 말한 것은 경청과 위임(Listen and Delegate) 때문이라고 말했다. 잘 모르는 분야의 CEO가 되었을 때 직원들에게 도움을 요청한 후 작성해온 보고서를 보거나 토론 과정을 지켜보면서 CEO로서 어떻게 하면 좋은지를 판단한 후 위임했다고 한다. 삼성전자 사장으로 부임했을 때는 연장자인 전무나 상무에게 형님이라고 부르며 도와달라고 부탁했다고 한다. 직원들에게도 자신을 평범한 직원으로 생각하고 언제든 놀러 오라고 하거나 이메일로 의견을 달라고 말했다.

나는 최 사장의 이야기를 들으며 ALD 사이클(Ask-Listen-Delegate)을 떠올렸다. 직원들에게 도움을 요청(Ask)한 후 잘 듣고(Listen) 위임(Delegate)하면 직원들이 업무의 주인이 되어 신나게 일하게 되므로 고성과를 달성할 수 있다. 리더로서 부하들과 승-승할 수 있는 비결이 바로 ALD 사이클이다.

죽은 조직과 살아 있는 조직의 결정적 차이

회장이 임원회의에서 지시를 내렸다. 지시는 하나였는데 현장에서는 서로 다른 방식으로 일하고 있었다. 회의에 참석했던 임원들이 회장의 지시사항을 다르게 해석했기 때문이었다. 이런 문제가 반복되자 별도로 임원들끼리 모여 지난번 회장의 지시사항을 어떻게 이해했는지 확인하는 별도의 임원회의가 열리기도 했다. 이 회사에서는 이런 일들이 수시로 벌어지고 있다.

한 유명 대기업에서 실제로 벌어지고 있는 광경이다. 이런 문제가 발생하는 일차적 이유는 회장이 명확하고 구체적으로 지시하지 않기 때문이지만, 임원들이 지시의 의도나 내용에 대해 질문하지 않기 때문이기도 하다. 왜 이런 일이 발생할까? 질문을 두려워하는 풍토 때문이다. 질문을 하면 무능하다고 낙인찍히거나 눈치가 없다는 핀잔을 듣는 전례가 있었을 것이고, 행간을 잘 읽어야 한다는 조언도 들었을 것이다.

이런 회사에서는 최고경영자에게 질문하는 것만 두려운 것이 아니라 팀원들이 팀장에게 질문하는 것도 어려워할 공산이 크다. 그러면서 질문하지 않는 것이 회사 풍토가 된다. 부모의 잘못된 행동을 못마땅해 하던 자식들이 묘하게 닮는 것처럼, 최고경영자와 임원들의 행동이 직원들에게 그대로 답습되기 때문이다.

외국계 글로벌 기업에서 오랫동안 근무했던 한 CEO는 우리나라 기업의 직원들은 업무 지시를 하면 알았다고 대답할 뿐, 도대체 질문하는 법이 없다고 의아해했다. 알았다고 해놓고는 작성해온 보고서가 지시한 의도와는 방향이 달라서 시간을 낭비할 때가 많다는 것이다. 지시의 의도가 무엇이었는지, 지시한 대로 업무를 처리하려면 어떤 점을 유의해야 하는지, 누구의 도움을 받으면 더 잘할 수 있는지 도무지 질문하지 않기 때문이다.

2009년 세계 최대의 전자상거래회사인 아마존이 12억 달러에 인수하여 화제를 낳았던 신발 쇼핑몰 자포스(Zappos)에는 신입사원을 육성하는 남다른 방법들이 있다. 그중 하나는 특별한 지침 없이 혼자 힘으로 해결할 수 없는 과제를 내주는 것이다. 세상에는 혼자 해결할 수 없는 일이 많다는 사실과 혼자 해결하는 것보다는 누군가의 도움을 받는 것이 더 효과적이라는 교훈을 터득하도록 하기 위해서다. 또한 남들에게 도움을 요청하다 보면 자연스럽게 다른 사람들과 소통하고 네트워크를 확대하는 부가적 효과까지 거둘 수 있다.

지식과 기술이 폭발적으로 증가하는 시대에는 문제를 해결하기 위해 타인의 협력을 이끌어낼 수 있는 협업 능력이 절대적으로 필요하다. 그것은 질문과 요청으로 키워진다. 직원들이 자유롭게 질문하고 요청할 수 있게 만들어야 한다. 그러면 상사와 부하 사이에 소통이 일어나고 서로 성장할 수 있는 기회를 마련할 수 있다. 또한 소통의 오류를 줄여 불필요한 시간 낭비를 방지하고 생산성을 끌어올릴 수 있다.

직원이 CEO를 가르칠 수 있게 하라

사원이 사장 앞에서 자신의 상사인 홍 상무를 지칭하려고 한다.
어떻게 표현하는 것이 맞을까?

1. 홍 상무가 그렇게 말했습니다.
2. 홍 상무가 그렇게 말씀하셨습니다.
3. 홍 상무님이 그렇게 말했습니다.
4. 홍 상무님이 그렇게 말씀하셨습니다.
5. 홍 상무님께서 그렇게 말씀하셨습니다.

1번처럼 표현해야 한다고 알고 있는 사람이 대부분일 것이다. 잘
못된 표현이다. 이는 압존법(壓尊法)이라고 해서 최종 보고자보다 낮

은 지위에 있는 상사는 낮춰 불러야 하는 것으로 잘못 알고 있는 데서 비롯되었다. 일본어 어법의 영향을 받아 잘못 사용되고 있는 표현법인데, 과거에 일본식 교육을 받았거나 고객만족(CS) 교육이 한창이었을 때 일본 교재들을 그대로 번역하여 사용하다 보니 이것이 마치 올바른 표현법인 것처럼 굳어진 경우가 많다. 그러나 사원이 해당 임원을 "홍 상무가…"라고 낮춰 말하려면 부담이 되는 게 현실이다. 이러한 한국적 정서를 고려하여 국립국어원(www.korean.go.kr)에서는 자신보다 지위가 높으면 '님' 혹은 주체를 높이는 '시(~셨습니다)'를 붙이도록 했다. 다만 '님'을 붙였는데 또다시 '께서'를 붙이는 것은 존칭의 중복이므로 홍 상무님께서라는 표현은 쓰지 않아야 한다. 자신보다 윗사람은 언제 어디서든 높여 부르는 것이 표준어다. 올바른 표현은 4번이다.

신기한 것은 사람들에게 국립국어원의 표기법이라고 알려줘도 좀처럼 받아들이려 하지 않는다는 사실이다. 압존법에 세뇌되어 있는 탓이다. 아래에 국립국어원이 민원인들의 문의에 답변한 내용을 그대로 싣는다.

압존법은 말하는 사람 입장에서는 높여야 할 대상이나, 듣는 사람보다는 존귀한 대상이 아니어서 높이지 못하는 것을 말하며, 이는 가족 간이나 사제 간처럼 사적인 관계에서는 적용되나 직장에서는 적용되지 않습니다. 따라서 직장에서 윗사람을 그보다 윗사람에게 지칭하는 경우, 예를 들어 사장님 앞에서 과장님을 지칭할 때 '과장님께서는'까지는 곤란해도 '과장님이'처럼 '~님'을 쓰고, 주체를 높이는

'~시~'를 넣어 '사장님, 이 과장님이 어디 가셨습니까?'처럼 높여 말하는 것이 우리의 언어 예절입니다. (국립국어원, '표준 화법 해설')

주의할 것은 위 내용에도 나오듯이 존칭 표현이 학교와 가정에서는 다르게 사용된다는 점이다. 예를 들어 학교에서 선생님 앞에서 선배를 호칭할 때는 "김 선배님은 안 오셨습니다"가 아니라 "김 선배는 오지 않았습니다"와 같이 낮추어 부르는 것이 예의다. 가정에서도 "아범은 아직 오지 않았습니다"처럼 낮추어 불러야 한다.

CEO가 알고 있는 것이 법?

한 유명 기업에 출강했을 때의 일이다. 팀장들에게 PT의 요령을 알려주고 행동을 수정해주는 교육이었다. 강의를 의뢰한 직원은 호칭을 잘못 사용하는 일 때문에 사장님이 짜증을 내는 일이 많다고 하면서 잘 부탁한다고 했다. 그래서 혹시 내가 알고 있는 내용 중에 잘못된 것이 있을 수 있다는 생각에 국립국어원 홈페이지에 들러서 직속 상사를 호칭하는 요령에 대해 다시 한 번 확인한 후 자료를 만들어 교육장에 도착했다. 그런데 난처한 상황이 발생했다.

교육을 시작하기 전 교육 담당자가 "국립국어원이 정한 기준에 따르면 자신보다 직급이 높으면 '님'이나 '시'를 붙여야 하는 것이 맞지만 사장님께서는 압존법이 맞는 것으로 알고 계시니 이를 각별히 유의해달라"고 신신당부했다. 준비한 강의 자료와 상관없이 사장이 알고 있는 것이 맞다고 가르쳐야 하는 상황이 발생했다. 결국 고객의 간절한 요구를 외면할 수 없어 국립국어원이 정한 기준으로는 '님'자를 붙여야 하지만 사장님은 '님'을 붙이지 않는 것으로 알고 있고 PT에서는 의사결정권자가 중요하므로 여러분도 '님'을 붙이지 않는 것이 현명할 것이라고 말해주었다.

교육 담당자에게 왜 사장에게 국립국어원의 자료를 보여주면서 사장님이 잘못 알고 있다고 알려드리지 않느냐고 물었다가 어떻게 그렇게 하느냐는 답변만 들었다. 결국 사장 한 사람이 잘못 알고 있는 문제 때문에 2만여 명의 직원이 잘못된 언어 예절을 준수하느라 시간과 에너지를 낭비하고 있었던 것이다. 대한민국 기업들의 소통 수준이 어떤지를 가늠하게 한다.

"사장님은 오늘 엉망진창이었습니다"

"사장님은 오늘 50분 동안 횡설수설하시더군요. 전혀 준비를 하지 않으신 게 분명했습니다. 그 고객은 반드시 유치했어야 하는데…. 오늘 정말 엉망진창이었습니다. 다시는 이런 일이 있어서는 안 됩니다."

만약 직원이 이런 메일을 사장에게 보냈다면 그 직원은 어떻게 되었을까? 우리나라에서는 상상조차 할 수 없을 것이다. 의사 표현이 자유로운 미국이나 유럽의 선진 기업에서도 직원의 신상에 매우 불리한 결과를 초래할 가능성이 높다. 그런데 이는 실제로 있었던 일이다. 세계 최대의 헤지펀드인 브리지워터 어소시에이츠(Bridgewater Associates)의 창립자이자 사장인 레이 달리오가 고객과 투자 상담을 한 후 그 자리에 배석했던 직원이 사장에게 보낸 이메일이다.

달리오 사장은 이메일을 받은 후 그 직원을 징계하지 않고 전 직원에게 그 이메일을 공유하라고 하면서 본받으라고 했다.

브리지워터에서는 뒤에서 어쩌고저쩌고 하는 뒷담화가 금지되어 있다. 할 말이 있으면 본인에게 직접 하는 것이 원칙이다. 이러한 원칙은 최고경영자에 대해서도 똑같이 적용된다. 얼마나 당당하게 자기 의견을 밝히는지가 브리지워터의 주요 인사 평가 기준이다. 이 정도의 열린 마음이라면 가히 빅리더 중의 빅리더라고 할 수 있다. 달리오 사장의 성공 비결은 CEO로서 독립적 사고를 중시하되 직원들에게 자신의 의견에 대한 반론을 요청하여 허점을 찾아 보완하고 수정할 줄 아는 용기를 가진 것이었다. 또한 자신이 내린 결정과 그 결과를 성찰하며 배우고 성장하는 습관이 몸에 배어 있었다.

CEO를 비롯한 상사에게 잘못을 '지적'하는 직원을 칭찬하기란 여간해서는 쉽지 않은 일이다. 하지만 명백하게 잘못 알고 있는 사실조차 말할 수 없는 조직은 미래가 걱정스럽다. 소통이 잘되는 기업인지를 평가할 수 있는 확실한 기준은 진정성을 가지고 CEO를 교육시키려 드는 직원이 아무런 위험이 없는 상태, 즉 심리적 안전감을 느낄 수 있는가의 여부다.

업무 몰입도를 높이는 리더의 유형

"후진국이나 개발도상국에서는 똑똑한 리더가 존경을 받지만 선진국에서는 따뜻한 리더가 존경을 받는다".

김기찬 가톨릭대 교수가 한 강연회에서 한 말이다. 지금까지 대한민국은 똑똑하면서 차가운 리더들이 여기까지 이끌어왔다고 해도 과언이 아니다. 기업에서도 공격적인 리더들이 직원들을 강하게 몰아치면서 기대 이상의 실적을 만들어냈다. 지시와 명령에 따르지 않으면 가차없이 벌하거나 조직에서 내쫓아버리는 리더가 많았다. 심지어 욕을 하고 정강이를 걷어차는 경우도 있었다. 낡은 군대식 문화가 사회 전반에 퍼져 있었다. 그래도 고도성장의 흐름 속에서 모든 것이 묵인되었고, 일부 경영자들은 카리스마 경영 신화의 사례로 회자되며 사람들에게 환상을 심어주기도 했다.

개발도상국의 위치에서 따라잡아야 할 대상이 많을 때는 이러한 리더십이 효율적이었을지도 모른다. 하지만 시대가 바뀌었다. 더 이상 추격해야 할 대상도, 모방할 곳도 없다. 어느 한 사람의 강력한 리더십으로 조직을 이끌어가는 시대는 지났다. 지금은 언제 어떻게 닥칠지 모르는 위기에 순발력 있게 대응하고 한 번도 경험해보지 않은 일에 뛰어들어 스스로 창조해나가야 하는 시대다. 리더의 역할도 바뀌었다. 구성원들이 즐겁게 자발적으로 몰입할 수 있는 분위기를 만드는 데 앞장서야 한다. 따뜻한 리더십이 필요한 이유다.

똑똑함과 따뜻함을 기준으로 리더의 유형을 구분하면 아래의 표와 같다.

리더의 유형

	차가운(Cold)	따뜻한(Warm)
똑똑함(Smart)	똑차형(SC)	똑따형(SW)
멍청함(Foolish)	멍차형(FC)	멍따형(FW)

- 멍차형 : 멍청한데 차갑기까지 하다. 최악이다.
- 멍따형 : 멍청한데 따뜻하기는 하다. 인간미는 있을지 모르나 유용성이 없다.

- 똑차형 : 똑똑하기는 한데 차갑다. 과거에는 통했을지 모르나 그들의 시대는 지났다.
- 똑따형 : 똑똑하고 따뜻하다. 실력과 인간미를 겸비한, 창조와 혁신의 시대에 맞는 유형이다.

오늘날 우리에게 필요한 리더는 똑따형 리더다. 문제를 정확하고 용기 있게 지적하되 배려할 줄 아는 성숙함, 상대의 입장에서 들어주고 이해할 수 있는 공감 능력, 수고한 직원에게 감사의 마음을 전할 줄 아는 감성, 퇴근시간 후에는 직원들이 마음껏 즐길 수 있게 배려하는 센스를 가진 리더가 많이 나와야 한다. 똑따형의 전성기를 만들어야 한다.

'업무희롱'을 예방하라

주변에서 들려오는 이야기를 보면 차가운 리더가 적지 않은 것 같다. 그들은 지나친 요구를 하거나 막말을 하는 등 이른바 '업무희롱'을 일삼는다. 성희롱(sexual harassment)이 성적 수치심이나 피해 등을 일으키는 행위라면, 업무희롱(work harassment)은 업무와 관련한 부정적 행동을 통칭한다. 더 구체적으로는 '직장 내에서 언어적·비언어적·신체적으로 또는 지위를 이용하여 구성원들이 싫어하는 행동을 함으로써 건강한 업무 환경을 해치는 제반 행위'를 의미한다. 유럽을 비롯한 선진국에서는 이미 1993년부터 업무희롱에 관한 조례나 법을 제정하여 위반하는 개인이나 기업을 처벌하고 있고,

파와하라 6가지 유형

유형	형태	예시
신체적 공격	폭행 상해	안면 구타
정신적 공격	협박·명예훼손·모욕	"의욕이 없고 제대로 할 생각이 없으면 회사를 그만둬야"
인간관계 단절	격리·따돌림·무시	출산휴가 사용한 교사에 대한 보복성 업무 배제
과다 요구	불필요한 일 강요·업무방해	교육 시 취업규칙 전문을 베껴 쓰게 하는 행위
과소 요구	불필요한 단순 업무 부여	퇴직권고 거부하자 단순노동직 배치
개인 자유 침해	과도한 업무 참견	우체국 직원의 턱수염·장발을 이유로 인사평가에서 감점

〈자료: 한국노동연구원〉

글로벌 기업들도 사규에 업무희롱을 명시하고 있다. 일본은 2011년에 업무희롱 문제를 해결하기 위한 원탁회의를 출범시켰는데, 후생노동성은 파와하라(パワハラ, power+harassment)라는 이름으로 6가지 업무희롱 유형을 제시했다.

우리나라에서도 업무희롱을 방지하기 위한 입법이 추진되고 있다. 최근 한 국회의원이 '퇴근 후 업무 카톡 금지법'을 발의했다는 얘기를 들었는데, 사용자가 근로기준법에서 정하는 근로시간 외의 시간에 전화나 문자메시지, 소셜미디어 등으로 업무 지시를 내려 근로자의 사생활을 침해해서는 안 된다는 내용을 담고 있다고 한다.

성희롱 여부가 가해자의 의도보다 피해자의 인식에 중점을 두듯 업무희롱도 마찬가지다. 상사의 뜻과 상관없이 받아들이는 직원이 물리적 또는 정신적 피해를 입었다고 한다면 업무희롱에 해당할 수 있다. 앞으로 이와 관련한 문제 제기나 충돌이 점점 더 늘어날 것이다. 기업을 포함한 모든 조직에서 이에 대한 관심을 갖고 대비책을 강구해야 할 때다.

만년 꼴찌 팀을 우승으로 이끈 원동력

"사람들이 섹스와 돈보다 더 원하는 2가지가 있다. 인정과 칭찬이다."

글로벌 화장품회사 메리케이를 만든 메리 케이 여사의 말이다. 사람을 동기부여하는 수단은 돈과 물질만이 아니다. 한마디의 칭찬과 인정이 마음을 녹이고 감동을 줄 수 있다.

리더는 언어로 지시하고 동기부여하며 코칭하고 피드백한다. 그런 면에서 언어는 리더십의 전부일 수 있다. 언어의 수준이 리더십의 수준이다. 차가운 언어로 마음의 문을 닫게 만드는 리더는 이류다. 똑똑할지는 몰라도 기피하고 싶은 대상일 뿐이다. 따뜻한 언어로 직원들의 마음을 다독이고 의욕을 불러일으킬 수 있어야 한다.

미국 미식축구 리그에서 만년 꼴찌 팀인 세인트루이스 램스를 맡아 우승으로 이끈 딕 버메일 감독이 처음 팀을 맡았을 때 선수들은 경험과 기량도 떨어졌지만 서로를 비방하면서 스스로 무너져내리고 있었다. 감독은 선수들 간 비방을 멈추고 서로를 칭찬하도록 했고, 자신도 선수들에 대한 믿음을 말과 행동으로 보여주었다. 그 결과,

선수들은 하나가 되었고 강력한 팀으로 바뀌었다. 그는 팀을 맡은 지 3년 만에 슈퍼볼 경기에서 우승을 거머쥐는 기적을 만들어냈다.

이런 이야기를 할 때마다 떠오르는 인물이 있다. 바로 2002년 월드컵의 영웅 히딩크 감독이다. 2001년 한국 축구 대표팀이 프랑스와 체코에 5대 0으로 졌을 때 모든 언론과 축구 전문가들은 히딩크의 팀에는 희망이 없다고 비난을 퍼부었고, 감독을 사퇴시킬 것을 요구하는 목소리가 비등했다. 하지만 그는 언론 앞에서 선수들을 믿는다고 말했고, 고국인 네덜란드의 한 신문사에 기고한 글에서는 한국 선수들에게 감동을 받고 있으며 이 선수들을 사랑한다고 썼다. 15년이 지난 지금 다시 읽어보아도 감동적이고 많은 생각을 하게 만든다. 한국 선수들은 퇴진 압력을 받는 상황에서도 자신들에게 신뢰를 보내며 인정해주는 히딩크 감독을 보며 최선을 다하겠다고 다짐했을 것이다. 그 결과는 우리 모두가 알고 있는 4강 신화라는 쾌거였다.

직원 몰입도 90%의 비결

모든 사람은 존중받기를 원한다. 직원들도 그렇다. 그런 면에서 카길애그리퓨리나의 직원 존중 문화는 귀감이 된다. 내가 동물 영양 전문회사인 이곳에 관심을 갖게 된 계기가 있다. 김기용 전 회장과 이보균 대표를 만나 대화하면서 이 회사는 직원들을 진정으로 존중하는 참 따뜻한 기업이라는 인상을 받았기 때문이다.

이 회사는 직원 존중, 고객 존중, 사회 존중이라는 3가지 존중의 철학을 일관되게 실천하고 있다. 배경, 직위, 근속연수에 상관없이 서로의 의견을 열린 마음으로 경청하고 좋은 아이디어가 있으면 적극 지지해준다. 또한 어떤 성공이든 아낌없이 칭찬하고 축하해주는 문화를 가지고 있다. 10년 이상 지속되고 있는 에브리데이 히어로(Everyday Heroes)라는 칭찬 프로그램에 매년 수천 건의 칭찬이 등재되고, 아이디어트리(idea tree)에는 직원들이 업무 중에 떠오르는 아이디어와 지식을 등록하여 공유한다. 이렇게 해서 새로운 아이디어들이 지속적으로 발굴되어 업무 개선과 혁신에 활용되고 있다. 사내 활동에 열심히 참여하는 직원들에게는 격려와 상이 주어진다. 그렇다고 동참하지 않는 직원들에게 불이익이 돌아가는 것은 아니다. 성과 평가와 연계하지 않음으로써 자유롭고 활발한 활동을 보장하려는 것이다.

직원 존중의 문화는 자연스럽게 고객 존중으로 이어진다. 유독 피곤해하는 대리점주에게 건강검진을 받게 하여 위암을 조기에 발견하고 치료할 수 있게 된 사례도 있다. 이 일로 대리점주 부인이 직원들 앞에서 감사 편지를 읽었다고 한다. 존중이 존중을 낳는 존중의 선순환을 확인할 수 있다.

이 회사는 평가 중심의 성과 관리를 하지 않는다. 에브리데이 퍼포먼스 매니지먼트(Everyday Performance Management)라고 해서 직원들이 매일 소통하며 목표 달성과 지속 성장에 기여할 수 있게 지원하는 일에 집중한다. 더 좋은 환경, 더 좋은 분위기, 더 좋은 시스템을 만들어주면 더 좋은 성과를 낸다는 믿음의 결과다. 이보균 대표는 "어떻게 하면 직원들이 조직 내에서 자신들이 부품이나 소모품이 아니라 소중한 가족 구성원이라는 것을 느끼고 자존감이 충만하게 할 것인가를 고민한다"고 말한다. 그래서일까, 한 직원은 "이 회사에 들어와 참으로 좋은 분들을 만나 날마다 배우고 성장하고 있다"며 감사하다고 말했다.

카길애그리퓨리나의 직원 몰입도(employee engagement)는 90% 수준을 유지하고 있다고 한다. 세계 유수의 기업들이 평균 80%이고 한국 기업들이 55% 정도임을 감안할 때 월등한 수준이다. 어쩌면 당연한 결과인지 모른다. 소통과 존중의 문화가 직원들의 몰입도와 생산성을 높이고 고객과 사회 존중으로 나아가는 선순환을 낳기 때문이다.

공감하면 이루어진다

고깃집을 운영하는 한 외식업체에 출강했을 때 알게 된 사실이다. 직원의 가족이 교통사고를 당했는데 피해자임에도 불구하고 가해자로 둔갑이 되어 처벌을 받을 상황에 놓이게 되었다. 이 사실을 알게 된 CEO는 모든 직원이 도울 수 있는 방법을 찾아보자고 제안했다. 직원들은 알고 지내는 교통 관련 분야나 법조계 종사자들로부터 자문을 구하기도 하는 등 자신들의 일처럼 나섰다. 그 덕분에 직원이 피해자라는 사실이 증명되어 억울하게 처벌받게 될 상황에서 빠져나올 수 있었다.

이 일을 통해 직원들은 회사가 자신들을 존중하고 아껴준다는 믿음을 갖게 되었다. 외식업계는 퇴사율이 높은 편인데 이 회사는 퇴사율이 현저히 낮다. 일반 직원은 물론 고기 굽는 직원들, 서빙 직원들이 전문가로서의 자부심을 가질 수 있도록 교육 기회도 제공하고 있다. 이 회사의 합숙교육에 강의하러 갔다가 보기 드문 광경을 목격했다. 서빙을 하는 한 직원이 자기 이야기를 하는데, 쫄딱 망해서 어디서 무얼 해서 먹고 살아야 할지 막막하던 차에 이 회사에 들어와 인정을 받으며 일하는 것이 너무 좋고 또 이렇게 경치 좋은 곳에서 교육을 받을 수 있다는 사실이 믿을 수 없다며 감격해하는 것이었다. 이야기를 들으며 눈물을 보이는 직원도 있었다.

수많은 기업에 출강해왔지만 처음 보는 광경에 나도 그만 마음이 움직여 그 회사를 위한 축원의 시를 쓰고 영상으로 만들어 보여주기도 했다. 지금 이 회사는 가히 폭발적이라는 표현이 어울릴 정도로 성장에 성장을 거듭하고 있다.

직원들이 열심히 일하고 회사가 지속적으로 성장하는 데는 그만한 이유가 있다. 나는 이것을 '공감(empathy)의 힘'이라고 생각한다. 공감이란 상대방의 눈으로 보고, 상대방의 마음으로 느끼며, 상대방의 귀로 듣는 것이다. 즉, 상대방이 되는 것이다. 상대방이 기쁠 때 기뻐하고 슬플 때 슬퍼하는 것이다. 공감 공동체는 기적을 만들어낸다.

주파수가 일치하면 믿을 수 없는 일이 일어난다

공감 공동체가 기적을 일으키는 원리는 두 물체의 주파수가 일치하여 발생하는 공진(resonance)으로 설명할 수 있다.

1940년 11월 7일 미국 워싱턴주 타코마해협에 놓인 다리(타코마 내로스 브리지)가 준공 후 채 4개월이 지나지 않아 어이없이 무너져 내린 적이 있었다. 이 다리는 당시 최고의 교량 설계자로 알려진 레온 모이세프가 설계하고 신공법인 현수교로 건설된 다리였다. 미국 엔지니어링 기술의 자존심이라고 할 만큼 시속 190km의 초강풍에도 견딜 수 있도록 튼튼하게 만들어진 다리로, 세상에서 가장 아름다운 다리라는 극찬까지 받았다. 그런데 시속 70km의 바람에 거대한 다리의 철 구조물이 마구 흔들리더니 엿가락처럼 휘며 맥없이 무너져내렸다. 토목 기술자들은 도저히 믿을 수 없는 현장을 보고 경악했다. 왜 그랬을까?

나중에 밝혀진 바에 의하면, 바람이 발생시킨 주파수와 다리 고유의 주파수가 일치했기 때문이라고 한다. 이른바 공진이 발생한 것이다. 공진 상태, 즉 두 물체의 주파수가 일치하면 진폭이 커지면서 상상할 수 없는 힘을 발휘하기 때문이다. 물컵 옆에서 소리 주파수를 올려주다 보면 물컵이 폭발하는 현상이나, 2011년 서울 광진구의 테크노파크 건물이 진동하여 입주자들이 대피한 사고도 마찬가지 원리로 설명할 수 있다. 피트니스센터에서 에어로빅을 하며 발생시킨 주파수와 건물 고유의 주파수가 일치했기 때문이라고 한다.

사물과 사물 사이의 주파수가 일치하면 놀라운 파괴력이 나온다. 마찬가지로 조직 구성원들 간에 주파수가 일치한다면, 즉 공감의 공동체를 만들 수 있다면 어떠한 일도 해낼 수 있을 것이다.

'창조적 소통 수준' 진단

다음을 읽고 내가 근무하는 조직의 소통 수준을 평가해보세요.

전혀 그렇지 않다: 1, 그렇지 않다: 2, 보통이다: 3, 그렇다: 4, 매우 그렇다: 5

▨ 경영진이 소통의 중요성을 잘 이해하고 있다고 생각한다.

▨ 구성원들이 조직에서 인정받고 있다고 느끼는 편이다.

▨ 소통을 강화하려는 제도나 정책이 실천되고 있다.

▨ 서로 다름을 인정하고 존중하는 조직문화를 가지고 있다.

▨ 잘못된 결정에 대해 반대 의견을 제시해도 불이익을 받지 않는다.

▨ 회의나 프레젠테이션에서 형식보다 내용을 더 중요하게 생각한다.

▨ 상사들이 자신의 생각이 옳은지 묻는 일이 많다.

▨ 경영진이 독단적으로 의사결정을 하지 않고 중지를 모으는 편이다.

▨ 실패하더라도 다시 한 번 도전할 수 있는 기회를 제공받는다.

▨ 구성원들 간 신뢰 수준이 높은 편이다.

▨ 상사들은 자신의 결정에 오류가 있을 경우 이를 인정하고 궤도를 수정한다.

- 경영진과 자유롭게 대화하거나 소통할 수 있는 장치가 있다.
- 상사에게 질문하는 것에 어려움을 느끼지 않는 편이다.
- 구성원들은 회사의 방침에 대해 잘 이해하고 있는 편이다.
- 업무 수행 과정에서 피드백을 정확하게 받는 편이다.
- 구성원들은 자신이 제시한 아이디어나 의견이 잘 받아들여지고 있다고 생각한다.
- 구성원들은 상대방의 말을 경청하는 편이다.
- 권한위임이 잘되어 있고 위임된 권한을 행사하는 데 어려움을 느끼지 않는다.
- 필요한 도움을 요청하는 것에 어려움을 느끼지 않는다.
- 부문 간, 부서 간 협력과 협업이 잘 이루어진다.

결과 _____점

90점 이상 : 챔피언

소통이 탁월하게 이루어지는 챔피언 조직이다. 구성원들의 아이디어를 최대한 이끌어내어 혁신적인 기업으로 자리매김할 것으로 기대된다.

80~89점 : 우수

비교적 소통이 잘 이루어지는 조직이다. 소통을 통해 혁신적인 성과를 얻게 되고, 이를 통해 자신감을 축적한다면 챔피언 기업으로 발전할 수 있을 것이다.

70~79점 : 보통

평균 수준의 소통 능력을 가진 조직이다. 여전히 소통을 방해하는 요소들이 여러 군데서 발견되는 조직으로, 리더들이 소통을 위해 좀 더 관심을 갖고 노력할 필요가 있으며 소통 강화를 위한 제도 도입도 검토해야 한다.

60~69점 : 부족

소통 능력이 부족한 조직이다. 소통이 원활하지 않으면서 혁신적인 기업을 만든다는 것은 불가능한 일이다. 현재 수준에서 벗어나지 않으면 급변하는 환경에서 위험에 처하게 될 수 있다. 소통 강화를 위한 노력을 가일층 기울여야 한다.

59점 미만 : 매우 부족

소통 능력에 문제가 많은 조직이다. 동맥경화 직전의 조직이라 할 수 있다. 구성원들은 자신을 조직의 소모품으로 인식할 가능성이 높으며, 숨 막히는 현실에 절망한 직원들이 언제든 떠날 수 있다. 특단의 조치가 요구된다.

일류를 위한 삼류의 충고

한 사회를 이끌어가는 사람들 중 경영자야말로 일류 중의 일류라고 생각한다. 사업을 통해 고용을 창출하고, 사회적 부를 증가시키며, 수출을 통해 국가 경제에 이바지하기 때문이다. 일류 국가로 발전하려면 훌륭한 경영자가 많아야 한다. 스티브 잡스나 마크 저커버그, 래리 페이지, 제프 베조스, 일론 머스크, 손정의, 마윈을 부러워하고 배우기만 하는 나라가 아니라 그들에 버금가는 경영자를 배출하는 나라가 되어야 한다. 젊은이들이 안정된 직장이나 특정 전문직만을 선호하는 현상은 우리 사회가 건강하지 않다는 신호다. 우리 경영자들이 존경받고 더 크게 성장하는 모습을 보며 경영자를 꿈꾸는 젊은이가 많아지는 선순환을 만들어야 한다.

경영자가 된다고 해서 모두가 저절로 일류가 되는 것은 아니다. 일류 경영자가 되려면 '과연 나라는 존재가 가치 창출에 얼마나 기여하고 있는가?'라는 질문을 끊임없이 던져야 한다. 이를 좀 더 구체화하면 다음과 같다.

나 때문에 구성원들이 더 가치 있는 존재로 발전하고 있는가?
나 때문에 제품과 서비스의 질이 향상되고 있는가?
나 때문에 회사의 가치가 높아지고 있는가?

이 질문에 자신 있게 "예!"라고 답할 수 있어야 일류 경영자라고 할 수 있다. 물론 이 질문은 팀장과 구성원들에게도 똑같이 적용된다. 모든 구성원들은 자신에게 맡겨진 직무의 CEO이기 때문이다.

그런데 경영자의 길이라는 게 얼마나 어려운가. 경영은 이론이 아니라 실전이다. 전쟁터와도 같은 시장에서 살아남아야 하고, 때론 가보지 않은 길도 과감히 가야 한다. 난해한 이해관계도 풀어야 하고, 힘든 결정도 내릴 수 있어야 한다. 그래서 경영자는 고독하다. 경영자를 비판하기는 쉬워도 경영자가 되는 일은 결코 쉽지 않다.

어느 회사에서 여성 최초로 임원의 자리에 오른 분에게서 들은 말이다. 자신이 그토록 들어가고 싶어 했던 임원실에 마침내 입성하여 앉아 있는데, 자신도 모르게 고독감이 몰려와 눈물을 흘렸다는 것이다. 경영자라는 위치가 어떤 곳인가를 충분히 짐작케 한다. 하지만 경영자는 원래 그런 자리다. 처절한 고독을 이겨내야 하고, 그 결과로 새로운 가치를 창출해낼 수 있어야 한다.

그런 차원에서 경영 현장과 일정한 거리를 두고 훈수를 두는 나 같은 사람은 경영자에 견줄 수 없는 삼류(三流)라고 할 수 있다. 말하자면 이 책은 삼류의 충고인 셈이다. 하지만 오랜 현장 경험과 연구를 바탕으로 경영자의 고독을 가치 있게 만들어주고 구성원들이 가치 창출의 주역이 되는 길을 어느 정도는 제시했다고 자부한다.

얼마 전 한 대기업 계열사의 임원 및 팀장 교육에 참가한 적이 있다. 쓴소리를 적잖이 했다. 그날 저녁, 회사의 CEO로부터 문자를 받았다. "오늘 강의가 참으로 인상적이었다. 나를 돌아보는 쓰라린 시간이었다"는 내용이었다. 삼류의 충고를 달게 받아들인 것이다. CEO로부터 이런 문자를 받기란 드문 일이어서 감사하는 마음과 함께, '쓰라린 시간이었다'는 말이 오래 기억에 남았다.

이 책을 읽는 동안 고개를 끄덕이기도 하고, 왠지 불편하고 쓰린 순간도 있었을 것이다. 그 불편함과 쓰림을 '약'으로 삼아 발전과 성장을 지속해나가기를 소망한다.

책을 쓰고 나면 항상 부족하고 죄송한 마음이 든다. 혹여 이 책에서 다룬 사례가 일반화의 오류를 범하여 성심을 다하는 분들에게 누가 되지는 않았을까 두려운 마음이다. 하지만 새로운 시대를 열어가야 할 기업과 국가에 작은 보탬이라도 되지 않을까 하는 기대로 책을 내놓는다. 독자의 혜량(惠諒)을 바라며, 더 나은 아웃사이트와 진정한 열심으로 독자와 소통할 것을 다짐한다.